1週間で絶品干し柿

永田勝也 著

簡単、無添加、きれいにできる

農文協

口上（前書きに代えて）

日本の美しい風景――柿の実のある風景

日本の美しい風景の一つは、秋の柿の木のある風景です。街の中でも農山漁村でも、至る所に柿の木はあり、秋になり黄橙色の柿の実が陽光に照らされて美しく輝いているのは、日本ならではの光景です。

しかし、その柿は時として収穫されないまま樹上で熟し、鳥のエサになってしまうか、あるいは熟しすぎて垂れ落ちてしまうことになります。せっかくの（使えば価値のある）柿が収穫されずに見捨てられているのは、実にもったいないことだといつも感じています。

私は千葉県北東部の農村地帯に移り住んでかれこれ30年近くになります。秋になり、柿の実が色づく頃になると近所の知人の柿を分けてもらい、干し柿作りをしてきました。柿の実は利用されないものがいくらでも手に入ります。

干し柿作りをしていると、子供の頃を思い出します。私は九州の福岡県筑豊地方の出身です。「筑豊」とは筑前の国と豊前の国にまたがる地域で、三方を山に囲まれた盆地です。夏は蒸し暑く、冬は寒い気候です。筑豊地方の嘉穂郡※は渋柿の品種「尾谷《おたに》」の原生地として知られていて、現在でも尾谷の干し柿が作られています。

※現在の飯塚市、嘉麻市、桂川町

九州の生家の裏の段々畑には、柿の木が何本も植えてありました。祖父のコレクションで、筑後の田主丸《たぬしまる》あたりから苗木を仕入れて植えたと、祖母が話していました。品種などは誰も知りませんでしたが、甘柿は早めに収穫でき、渋柿はその後で採るということはわかっていました。

干し柿作りの頃になると、母が木に登って、先を割った竹竿で柿の枝をねじ折って落とす。それを子供たちが拾い集める役を担っていました。

皮むきは、家族や近所の人たちが集まってにぎやかにやりました。柿を干す場所は2階の窓の外。竹竿にのれん状に柿を吊るして乾燥させると、20〜30日くらいで干し柿が完成しました。今日のように甘いものが豊富にある時代ではなかったので、干し柿は貴重な菓子類でした（菓子は本来「果物《くだもの》」の意）。

自然の条件にゆだねた干し柿作りは、今私が住んでいる千葉県のように、比較的温暖な気候の地域では難しいものがあり、いろいろと目先の工夫をしても、時として失敗してしまうこともあります（最近はとくにカビの発生が多い）。土地の古老に聞くと「昔は干し柿がふつうにできた」と言います。「今はできないが、昔はできた」からといって、時代を昔に戻すことはもちろんできません。そこで、「安全に、カビが生えることなく、干し柿を作る方法がないものか」と考え、少しばかり機械の力を借りた簡単な「干し柿製造装置」を作りました。これには福岡県農業総合試験場（当時）の「研究報告」が大きなヒントになりました（これについては13ページ）。

「装置」は日曜大工程度の手間で作ることができます。これを使えば、自然乾燥で30〜40日かかるところを、わずか5〜7日程度に乾燥時間を短縮することができます。また、気温や湿度が比較的高い時でもほとんど失敗することなく干し柿を作ることができます。

さらに、本書では干し柿の「柿霜《しそう》」（干し柿表面の白粉）の出し方も紹介しています。今まで自然の成り行きにまかせていた「柿霜」ですが、柿霜が出るメカニズムを理解したうえでこのスキルを体得すれば、誰でも難なく柿霜を出すことができるでしょう。

今まで見捨てられていた柿（甘柿でも渋柿でも）が干し柿資源として見直され、農産物加工の裾野が広がることになれば幸甚なことです。

著者記す

渋柿（愛宕）。11月下旬

もくじ

1章 干し柿復権ののろしを上げよう

私たちの足元には、無限ともいえる干し柿資源が眠っています。
これを活用して、失敗なく干し柿が作れる方法を考えました。

なぜ干し柿が作られなくなったのか

干し柿がそれぞれの家庭で手作りされなくなったと感じるのは、私だけではないでしょう。干し柿が作られなくなった理由は簡単です。

1.「皮むき」「ヒモに吊るす」などの手間がかかる。
2. 自然乾燥では日数がかかる。
3. その割にはカビが発生して失敗することがある。
4. そもそも、原料の柿が身近にない。
5. 家庭で干し柿を食べるということがなくなった。

このようないろいろなファクターが重なって、それぞれの家庭で干し柿を作る営みがだんだんと消えていると思われます。

しかし、その反面、スーパーマーケットには暮れになると、きれいに柿霜の吹いた干し柿が並びます。干し柿の産地ではシーズン中に1年分を稼ぐ意気込みで、クオリティーの高い干し柿の生産に取り組んでいます。最近では、中国の干し柿「柿餅《シービン》」も日本国内に出回っています。このような現状を見ると、ちょっと複雑な気分になります。

干し柿作りの復活を願って

昔はどの家でも干し柿を作る営みがありました。だからといって、「干し柿作りを復活しよう!!」などと野暮《やぼ》なことを言うつもりはありません。温暖化のせいかどうかは別にして、現代は確かに干し柿作りの環境は悪くなっています。昔通りの干し柿作りをやってもうまくできないのであれば、それは無駄なことです。

ところが、「数日で干し上がって、カビも生えずかつ虫もつかず安全に、仕上げの硬さや柔らかさも自在にコントロールできる。柿の色つやもよく、そのうえ柿霜も出せる」。こんな魅力的な干し柿作りの方法があればどうでしょう？　老いも若きも、やる気のある人なら、俄然興味を持って干し柿作りを始めようとするはずです。

本書は、簡易な方法で、短期にクオリティーの高い干し柿を作るための解説書です。これで誰でも高品質の干し柿ができるようになります。そうなれば、おのずと干し柿作りは復活していくことでしょう。

私たちの周りの「干し柿資源」

「干し柿資源」、つまり干し柿の原料は、身近な所を探せば見つけることができます。柿を提供していただいている私の友人・知人を何人か紹介しましょう。

《Fさんの「いさはや」と「蜂屋」》

Fさんは主に観葉植物を栽培している園芸農家です。彼とは二十数年来の友人で、彼の広い農場の一角には「いさはや」(甘柿)と「蜂屋《はちや》」があります。

いさはやは大きな実で甘い柿だというので植えたものです。枝を大きく広げる開張性《かいちょうせい》に仕立ててあり、樹高は低く3mくらいです。果実は鈴なりに付きます(写真は下を採って上のほうに果実が残ったもの)。Fさんの家族でも全部は食べきれないので、余ったぶんは私がいただいて干し柿にしています。

もう一方の蜂屋は樹高が7m以上はあり、高い所は木に登っても採ることができないので、下のほうを高枝バサミが届く範囲で採ります。それでも、5~6kgくらいは収穫できます。Fさんは自分で干し柿は作らないので、これも私がいただいて干し柿にします。

《Sさんの「富有」》

古くからの農家で、今は主にブドウ(巨峰)の栽培を行なっています。Sさんの所には柿畑があり、「富有《ふゆう》」が10本、千葉原産の渋柿「衣紋《えもん》」が1本、その他品種不明の渋柿が数本あります。

富有は、以前は出荷していたそうですが、主力をブドウに替えてからはほぼ放任状態で、ほとんど収穫することはありません。このSさんの柿も私にとっては大事な「干し柿資源」となっています。富有も渋柿も大量になるので、私の知人のKさんもこれで干

Fさんが作る「いさはや」(写真:著者)

し柿を作っています。Ｋさんも私の装置に似た「干し柿乾燥装置」を使っていますが、設定温度を高くしているので４～５日で早く仕上がります。その代わり温度が高いと、シワが寄る、表面がやや硬くなるなどの欠点が出るのですが、彼は「早いほうがいい！」と言って私の注意を聞きません（「冷蔵」すれば表面はしっとりさせられますが）。Ｋさんが作った大量の「富有の干し柿」は友人、知人に配られ皆に喜ばれています。

《Ｋさんの「蜂屋」》

もう一人のＫさん、こちらはスイカ農家ですが、その畑には、「蜂屋」と甘柿が数本あります。蜂屋は干し柿用に植えたものですが、最近は「熟柿《じゅくし》」を何個か食べるだけになったそうです。

Ｋさんの蜂屋は開張性に仕立ててあり採取しやすく、そのうえ果実は３００ｇくらいと大きくなります。大玉は乾燥に少し時間がかかりますが、７～８日くらいで柔らかい干し柿にできるので、Ｋさんは「食べやすい」と喜んでいます。

最近、甘柿品種の「恋姫《こいひめ》」をＫさんに勧めて、柿畑の一角に１株（３年生）植えました。恋姫は糖度が20％以上になる甘柿ですが、この実が生ったら干し柿にすることにしています。

《Ｔさんの品種不明の渋柿》

米農家のＴさんの裏庭には、果実が円錐形の小ぶりの渋柿があります（品種は不明）。彼のお父さんが干し柿用として植えたものですが、今では誰も干し柿を作りません。よく生る年は10kgくらい採れます。渋は抜けにくい傾向がありますが、けっこううまいものに仕上がります。柿が熟すと、ハクビシンやアライグマが取りに来るというので、まだ果実が硬いうちに私がいただくことにしています。

《Oさんの「蜂屋」》

Oさんの庭にある「蜂屋」は6~7mくらいの高木になっています。軽トラックの荷台に脚立《きゃたつ》を立てても中段くらいまでしか届きません。肥料をやっているので毎年よく生り、果実も300g前後のものが揃います。Oさんは「熟柿で食べるだけで、木の下のほうにいくつかあればいい」と言うので、残りは私がいただくことにしています。作った干し柿は「できたて」をOさんに届けています。短期乾燥の干し柿は黒変がないので、Oさんも「きれいな色の干し柿だ」と喜んでいます。

《Nさんと干し柿製造装置》

Nさんの家は大きな農家です。家の裏の畑には大きな柿の木が何本もあります。甘柿は「次郎」や「富有」、渋柿は「蜂屋」と「愛宕《あたご》」です。Nさんいわく「渋柿は干し柿用にずいぶん前に植えたが、最近は干し柿を作ってもカビが生えてダメになる。何とか昔のように干し柿を作りたいのだが、温暖化のせいでうまくいかない」と。

私がNさんの嘆きを聞いた時は、まだ「干し柿製造装置」の開発途上でしたが、何とかできるだろうと思い、蜂屋を10個ほどいただいて帰りました。7日めくらいに、完成した柔らかめの干し柿を持って行ったところ、目を丸くして驚きました。そして、さっそく「装置の作り方を教えてくれ」と言うので、装置の略図と必要な機材を書いて渡しました。Nさんは2週間ほどで装置を完成させました。彼は大規模に農業をやっているだけあって、機械や電気に関する知識や技術は豊富に持っています。私が示した装置を作るなどは「朝メシ前」のことだったと思います。

Nさんは装置を使いこなすようになってからは、近所にある柿も干し柿にして配り、皆さんに喜ばれています。

「私たちの周りの干し柿資源」というのは、つまりは友人、知人によって得られる「資源」のことです。これらの例は、私個人の経験だと思われるかもしれませんが、ちょっと身の回りを探せば、読者の皆さんも足元に眠っているお宝が発見できるかもしれません。

掘りごたつの干し柿

私が住んでいる所は、千葉県の北東部、太平洋に面した九十九里海岸から15～16㎞ほど内陸に入った町です。約30年前に杉で有名な当地に越して来ました。

以前、この町の旧家で干し柿作りを見たことがあります。それは戸外で干すのではなく、掘りごたつの中で柿を吊るす方法でした。皮をむき、首木《くびき》（30ページ参照）を縄に差し込んで、こたつの中に吊るすだけの単純なものです。昔ながらの深い掘りごたつの熱源は、かまどの「炭火」か「七輪」でした。こたつの火は寝ている間は入れません。だから「間欠火力乾燥」ということになります。たったこれだけで10日前後で立派な干し柿ができていました。ただし、「こたつ乾燥」の干し柿は、「白粉」が出るほど完成度の高いものではありませんでした。

当家のおばあさんいわく、「昔は粉吹きの干し柿ができたが、最近は暖かいのでダメだ」。「昔」とはいつの頃かわかりませんが、仕上げに天日干しをすれば、きっと柿霜は出たのでしょう。

当地では、11月中下旬の、やや遅採《おそど》りの柿を自然乾燥しても、10日くらいで青カビが発生します。当時は掘りごたつの干し柿に興味を持つことはありませんでしたが、この方法は立派な「火力乾燥」です。「こたつの中で干す」というのは、単純なことのように思われますが、それが有効な技術として実用に供されるには、多くの失敗と長年の経験があっての賜物だと思われます。

昔風の大きな掘りごたつといっても、干し柿はせいぜい20個入る程度でしたが、おばあさんはこたつの中の干し柿を得意げに披露していました。

今では、そのおばあさんの技術を継承する人はいません。しかし、これは「火力乾燥」の例として参考になります。

失敗なく「干し柿」を作りたい

さて、足元には無限ともいえる干し柿資源が眠っています。しかし、それが十分に活用されていないことにもどかしさを感じます。収穫されないまま、木に残っている柿の果実を見ると、「ああ、もったいない」といつも思います。

失敗することなく、安全に干し柿が作れないものか、いろいろ「失敗」を重ねながら自分なりに工夫をしましたが、巷《ちまた》の干し柿作りの情報は「湯通し」にしろ「アルコール噴霧」にしろ、ほとんど効果のないものでした。その一方で、干し柿の適地にしか通用しない方法だけが流布《るふ》していて、暖地での干し柿作りの方法というのは皆無でした。

そのようななか、ネット検索している最中に、偶然に干し柿作りの有力な情報を得ることができました。福岡県農業総合試験場（当時）の「エチレン処理と間欠通風乾燥による高品質干柿の短期製造法」という研究報告です。この研究報告を要約すると次のようになります。

①自然乾燥による干し柿作りは約40日かかるが、「短期製造法」によれば、４～７日で干し柿が安全にできる。

②その条件は、30～40℃の温風を２時間通風し、１時間休止する間欠通風を繰り返す。その風速は１・５ｍ／秒。

この条件で干し柿作りを行なえば、「短期間」で安全に、カビが生えることなく干し柿ができるというのです。ただし、他のことについては、例えば装置の全容とか、送風機、熱源、温度調節の方法など具体的なことについては何も書いてありません。しかし、この情報は私にとって非常に有効なものに思われました。

私は、20年以上前、麹《こうじ》を作るための小型の「室《むろ》」（つまり木の箱）を作ったことがあります。これで毎年、秋から冬にかけて麹を作っていますが、この木箱は内部を30～40℃の温度に保ちます。私はすぐに「この木箱が使える!!」と直感しました。

ただ、麹用の木箱は、温度と湿度を保つのが主たる働きで、ものを乾燥する働きはありません。そこで、温風が40℃前後出る「ふとん乾燥機」を熱源にして試運転をしてみたところ、試験場の数字に近い成果を得ました。これで数年、干し柿作りを行ないましたが、この「ふとん乾燥機」には温度調節が難しい欠点がありました。また、「風」も速すぎるように思われたので、現在の「ファン付きこたつヒーター」を熱源としたモデルに改良しました。これは、温度のコントロールが比較的容易で、外気温の変化にも対応することができます。消費電力も、ほとんど「弱」側で使用するので大きな消費量にはなりません。

この装置があれば、外気温が高い時でも、カビが生えやすい暖地でも、安全に、かつ短期間で美しい干し柿を作ることができます。

自然乾燥では、カビが生えやすいうえに、ハエやほこりがつきやすいという衛生上の問題もありますが、この装置ではそのような問題もほとんどありません。

美しく仕上がった干し柿

渋柿はどのようにして食べられてきたか

——渋抜きの歴史

もともと甘柿というものはこの世に存在せず、ただ渋柿があるだけでした（「柿の歴史」については29ページ）。渋柿は、さすがにサルや鳥も食べないですが、放っておけば樹上で渋が抜けて甘くなります。渋柿の一番簡単な食べ方は、自然に熟して甘くなった「熟《じゅく》柿《し》」を食べることです（最近は「熟柿」を知らない人もいるらしい）。少し知恵を出して、他の動物に横取りされないために、あらかじめ少し早めに収穫して、手元で熟柿にする方法も行なわれました。

渋柿は焼くことでも渋が抜けて食べられるようになります。昔は渋柿を手っ取り早く食べる方法として「焼き柿」というのもありました。囲炉裏に串にさした渋柿を並べて焼けば「焼き柿」ができます。

木桶に渋柿を入れて、そこにぬるま湯を張っておいても渋は抜けます。これも日本のトラディショナルな渋抜きの方法です。私の母の実家ではこの「湯抜き」で渋柿の渋抜きをしていましたが、使う湯は五右衛門風呂の湯でした。

湯のかわりに水を張っても渋抜きはできます。これは湯や水で渋柿を密閉して、柿の内部にエチレンを発生させて渋を抜くという理屈です。

「ビニール袋に密閉する」「アルコールを噴霧する」「ドライアイスを入れて密閉する」など、いろいろな渋抜きの方法がありますが、これらは近代になってからのやり方です。

渋柿の皮をむいてヒモに吊るし、天日に干すという干し柿作りは、渋を抜く方法の一つですが、これは甘味やテクスチャーが濃縮されて、もっとも美味なものになるポピュラーな加工方法（食べ方）として今日に伝わっています。

柿の分類

一口に分類といっても、いろいろな分類の仕方がありますが、一般には柿は渋いか甘いかによって次の4つに分けられています。

完全渋柿

種子の有無にかかわらず完全に渋い。ゴマ（褐斑）はない。＝西条《さいじょう》・葉隠《はがくし》・愛宕《あたご》・大和《やまと》・市《いち》田柿《だがき》・堂上蜂屋《どうじょうはちや》など。

西条

不完全渋柿

種子の周囲のみにゴマができて、ゴマのある部分は甘く、ゴマのない部分は渋い。全体が甘くなることはない。＝平核無《ひらたねなし》・会津《あいづ》身不知《みしらず》・蜂屋《はちや》など。

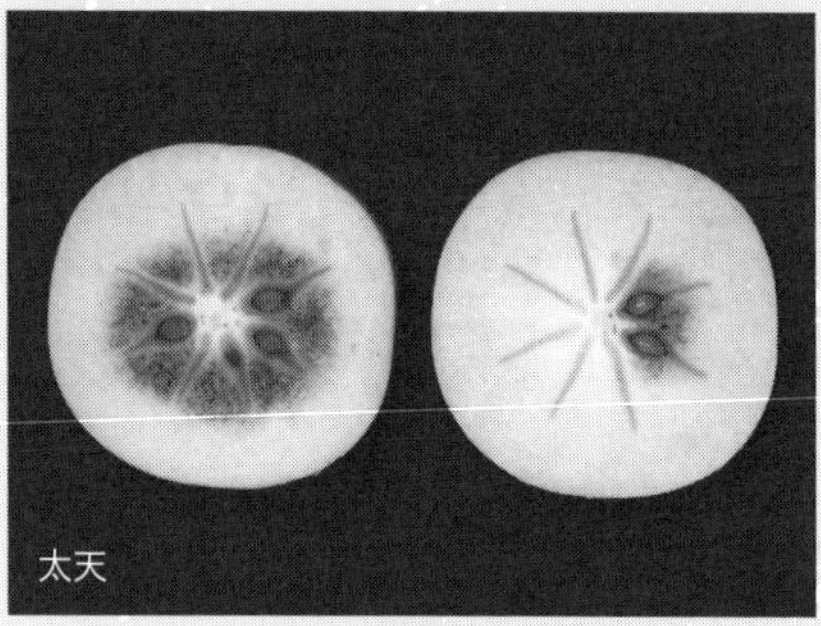

太天

不完全甘柿

種子が多ければ全体にゴマができて甘柿になる。種子がない部分はゴマができず部分的に渋い。＝禅寺丸《ぜんじまる》・正月《しょうがつ》・伽羅《きゃら》など。

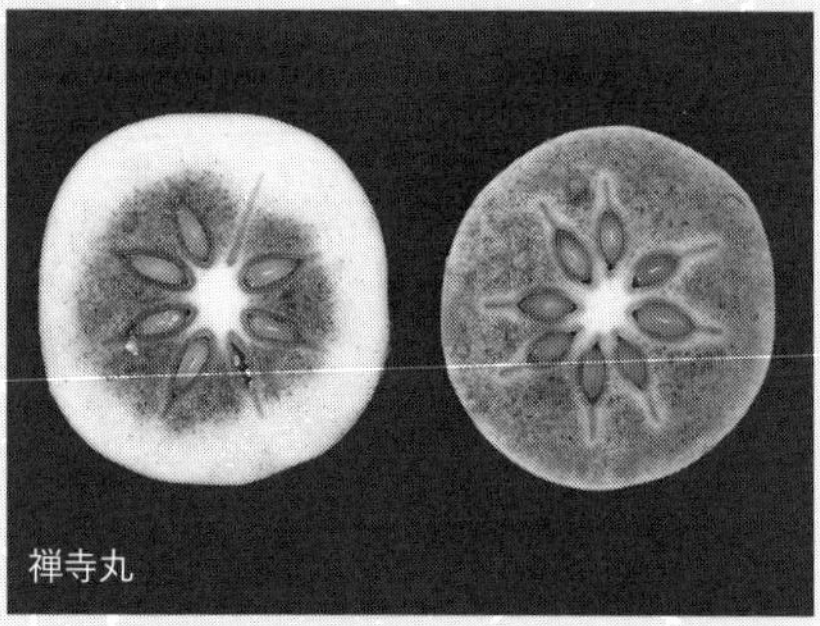

禅寺丸

完全甘柿

種子の有無にかかわらず完全に甘い。果肉に微量から多量のゴマがある。＝富有《ふゆう》・次郎・いさはやなど。

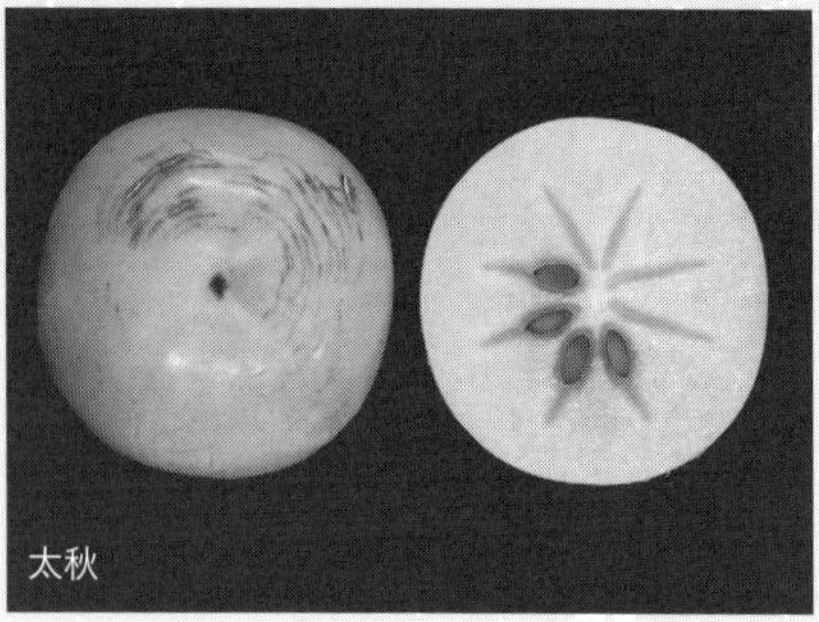

太秋

（写真：大畑和也）

ボタ山の「焼き柿」

「焼き柿」について書いている時（15ページ）、子供の頃をふと思い出しました。

私は九州福岡県の筑豊地方の出身です。筑豊といえば以前は産炭地（石炭の産地）として有名でした。私の生家の近くに高いボタ山が単独峰のように一座（ひと山）そびえていました。ボタ山とは、地底から掘り出した土石や不良な石炭を捨てたものが山のようになったもので、何十mもの高さがありました。ボタ山には、質は悪いが多少の石炭分を含んでいるものもあるので、ボタ山の自重で自然発火して、山自体がくすぶるように燃えていました。

ボタ山の裾には、ボタ山の自然発火によって熱せられた地下水が温泉のようにわき出ていました。町内会ではそこに温泉小屋を建てて、誰でも無料で利用できるようにしていました。それは通称「ボタ湯」と言いました。

ボタ山の頂上からは白煙も立ち上っていて、頂上の土石を少し掘ると「アチッ」というくらいの温度がありました。

柿が実る頃になると、年長のリーダーを中心に近所の子供たちが集まり、サツマイモや渋柿を持ち寄ってボタ山登山を行ないました。頂上に着くと穴を掘り、サツマイモと渋柿を埋めます。サツマイモは地熱で焼き芋になりますが、「渋柿も埋めて焼くと渋が抜けて食えるようになる」ということは、年長のリーダーが教えてくれたことでした。ボタ山の頂上にイモや渋柿を一晩埋めておくと、焼き芋と焼き柿ができました。どちらもイオウのようなニオイがしましたが、何とか食べることはできました。

食べるものが乏しい時代（昭和30年代）だったから、こんな遊びをしていたのでしょうが、それにしても年長のリーダーが「焼き柿」の知識をどこから手に入れたのか？　今となっては知る由もありません。

2章

1週間でできる干し柿作り

木箱にこたつ用ヒーターを入れ、タイマーや温度計をセットすればできあがり。
自家製干し柿製造装置を使って、安全に失敗なく干し柿を作る方法を紹介します。

「干し柿製造装置」は、前章で述べた通り、麹製造のために作った製麹箱を活用したものです。

私が作ったサイズの箱で、柿を並べるトレーが3枚くらい入ります。トレー1枚に大きめ（200g前後）の柿が20個以上入ります。この装置をフルに稼働させると、一度に60個以上の干し柿ができることになります。

とっても簡易な「干し柿製造装置」

この装置は、お天気の具合などに左右されずに、いつでもどこでも失敗なく、しかも短期間で干し柿を作ることができます。プロ向けの「干し柿乾燥機」というのもありますが、わが家で作る干し柿程度の量（つまり少量）では、とても使えるものではありません。

この装置は皮をむいた柿をカゴトレーに並べるだけなので、首木を整えたり、撚《よ》りヒモに吊るしたりするなどの手間もありません。また、簡単な計算で、乾燥の進み具合や乾燥の切り上げ（終了）のタイミングなども、客観的に数字で知ることができます。

では、この「干し柿製造装置」の作り方を説明していきます。

木箱の側板の展開（写真上下の側板には、それぞれ仮留めの板と桟受けを打っている）

揃える材料、資材

●木箱用の板

厚み2㎝くらいの杉板、集成材など。ただし合板は避ける。

●こたつ用電気ヒーター

ファン式温風ヒーター（600W・石英管）・電子コントローラー（弱〜強・1〜7段くらい。人感センサー付きのものは使えない）

●24時間タイマー

15分単位で入・切が設定できるもの。私が使っているカスタム社製のものが使いやすい。

●温度計

コードセンサー付きのデジタル温度計（観賞魚用など）。最高最低温度計（温度の上がりすぎ・下がりすぎを確認するためで、あれば便利）。

●カゴトレー

園芸用の苗ポットを入れるもので、芽ざし箱よりも底の目穴が荒いもの。通気性がよい。私が使っているのは、長辺50・5㎝、短辺34㎝、深さ7・5㎝の品です。

●たたら板

カゴトレーを重ねる時に使う。厚さ約7㎜×長さ36㎝（〜37㎝）×幅約3㎝のもの10枚くらい。

●保温用シート

「プチプチ」などの気泡緩衝材。

箱の展開図と寸法
〔板の厚み 2cm〕

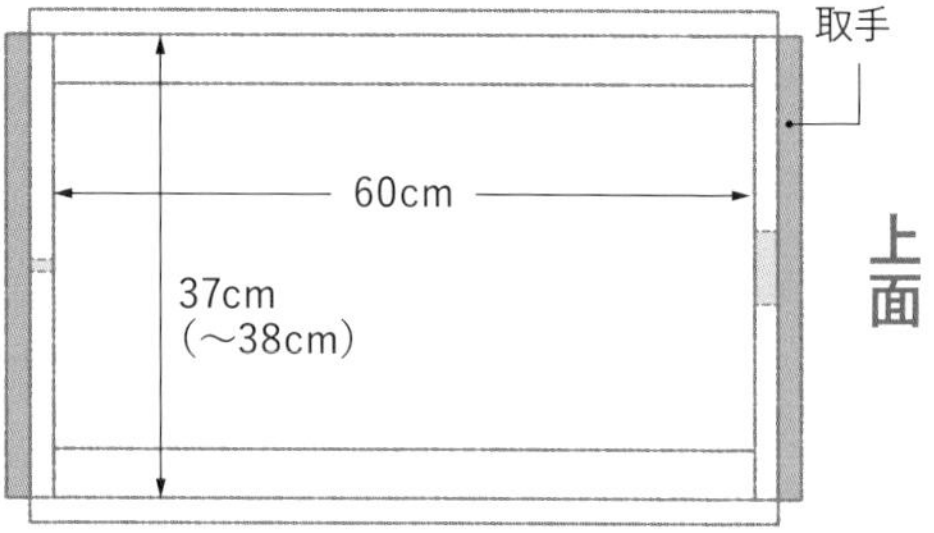

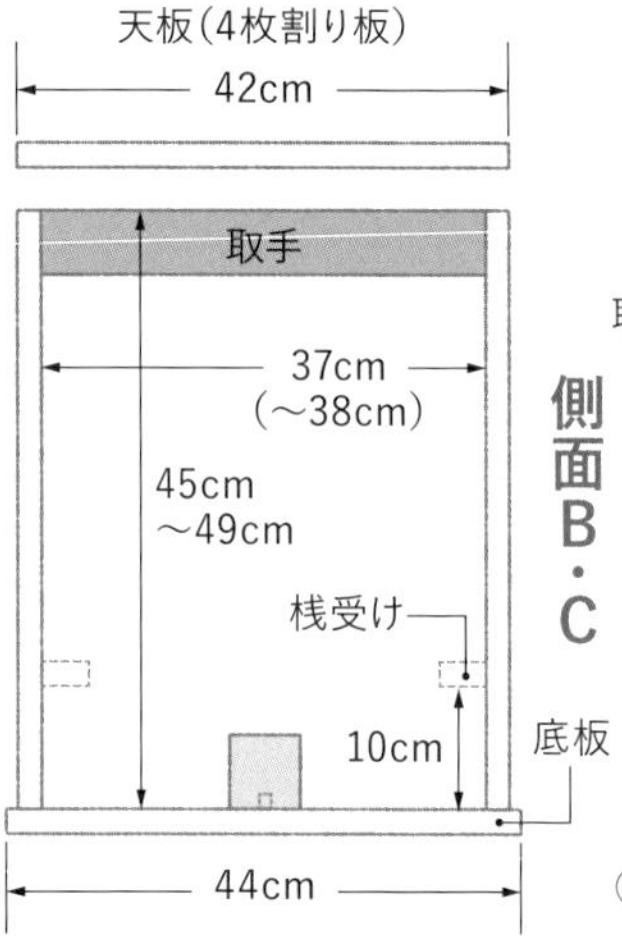

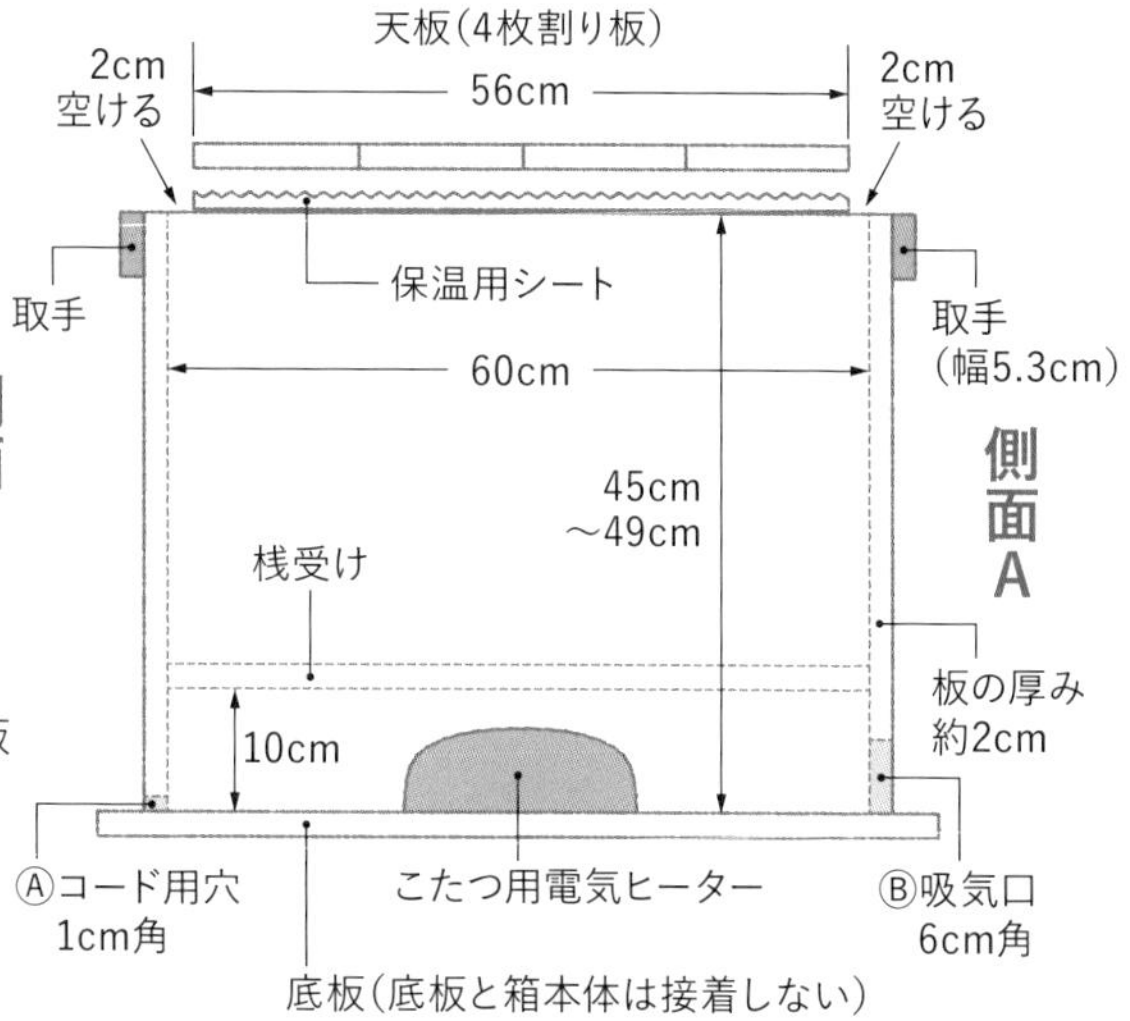

箱を組み立てたら、底にこたつ用電気ヒーターを置き、カゴトレーを入れる。

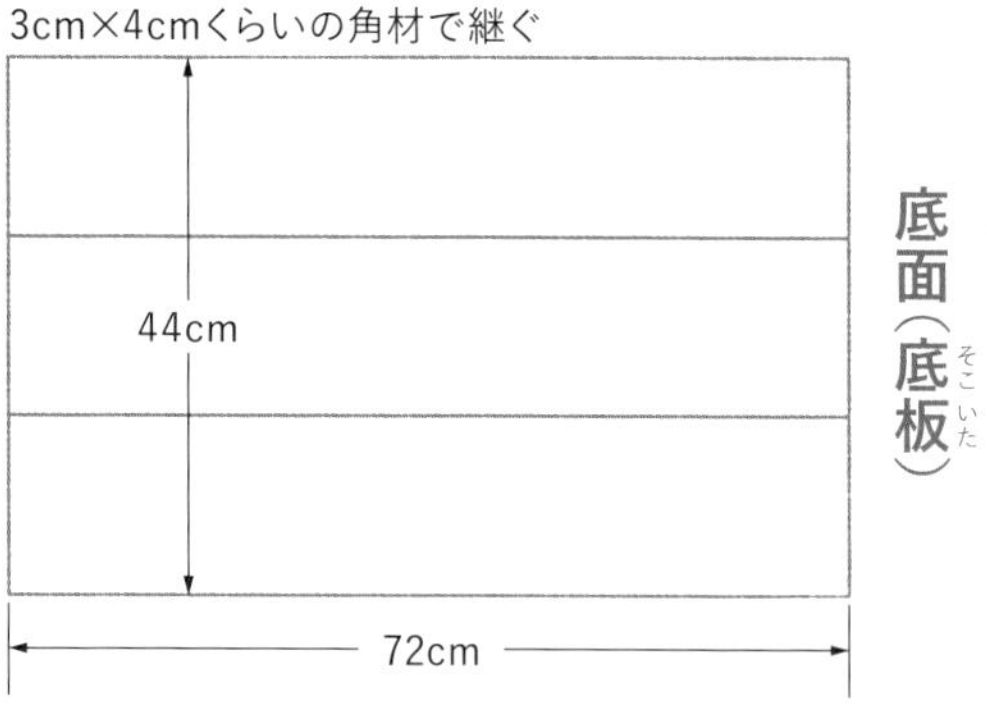

箱の組み立て

四面の側板を張り合わせたら、事前に「桟《さん》受け」を取りつけます。桟受けは荷重を受ける部分なので、ネジでしっかり止めます。図の側面Aの穴Ⓐはこたつのコードを通す穴で、Ⓑは吸気口の役目をします。この2つの穴もあらかじめ開けておきます。

これらを済ませてから四面の側板を組み立て、取手も取り付けます。底板は本体よりも広くとってあります。底板は3枚並べて3×4㎝くらいの角材2本で継ぎ、キャスターを取り付けておくと移動の際に便利です。展開図にはこの角材とキャスターは省略しています。

ヒーターとタイマーなどのセット

木箱が組みあがったら、底にこたつ用電気ヒーターを上に向けて置きます。コードはコード用の穴から外に出します。温度調節のコントローラーは箱の外に出します。温度調節がヒーター本体に付いているもの（古い型か安いもの）より、温度コントローラーが外にあるほうが便利です。

タイマーは「24時間タイマー」で、15分間隔でON、OFFが設定できるものを使います。そして2時間を「ON」、1時間を「OFF」に設定します。タイマーを電源に差し込んだら（この状態は24時間継続）、ヒーターのプラグをタイマー側につなぎます。タイマーのスイッチを「タイマー」側に入れるとタイマーが作動します。タイマーが「ON」で赤い豆ランプが点灯し、「OFF」なら消えます。

こたつヒーターの温度のダイヤルは、最初は「1」くらいに設定しておきます。

「デジタル温度計」（コードセンサー付き）のセンサーを箱本体の中央部に垂らしておきます。空のカゴトレーを3段積んだら、中央のカゴトレーに「最高最低温度計」を置きます。

最後に、保温用シートで箱の上部を覆い（両端を通気のために2㎝ほど空けておくことを忘れずに）、天板をその上に重ねて置きます（天板も両端を2㎝ほど空ける）。

これで運転の準備は整いました。

24時間タイマー

最高最低温度計

上/木箱本体、ヒーター、たたら板、カゴトレー、天板用の割り板など

左/トレーを箱の中に収めたら、保温用シート（プチプチなど）を置く。両端は2cm空けておく

下/割り板を置く。やはり両端は空けておく

セット完了（デジタル温度計のディスプレイは外に出す）

試運転

本体の準備が整ったら、さっそく試運転をしてみましょう。試運転の目標は、「庫内温度を30〜40℃に保つことができるか？　通風もちゃんと行なわれているか」の確認です。

ヒーターは設定温度になると切れ、温度が下回ると入ります。ただし、こたつの電気ヒーターのファンは、ヒーターの入・切に関係なく回り続けます。いっぽう、タイマーは、2時間ＯＮ、1時間ＯＦＦの設定にしています。この二つのコンビネーションで、庫内を干し柿作りの条件に保つことができるのです。

5〜6時間テスト運転を行なってみて、とりあえず目標の温度が得られればＯＫです。通風に関しては、吸気口にライターの火を近付けると、箱の中に炎が吸い込まれるようになります（**下の写真**）。箱の中に多少の温度差ができるのは仕方がありません。他の工夫で補います。

吸気口にライターなどの火を近付け、通風を確認

干し柿作りの準備

甘柿でも授粉用の柿でも

柿は何でも使えます。渋柿はむろんのこと、甘柿でも小さな山柿《やまがき》でも大いに活用しましょう。

「甘柿は干し柿にしない」という固定観念があります。甘柿の中には比較的早く9月下旬に熟すものがあります。その頃の気候は温度がやや高く、天日乾燥（いわゆる「つるし柿」）では、カビが生えたり、果肉が軟化して垂れ落ちたりします。そのため甘柿は干し柿にしなくなったのかもしれません（次ページコラム参照）。しかしこの装置を使えば、早生種の甘柿でも失敗することなく干し柿にすることができます。

私の柿畑には早生種の「禅寺丸」という「不完全甘柿」があります。授粉用に植えているもので、果実もよく生ります。ただし、ゴマが出ている部分は甘いのですが、ゴマが出ていない白い部分（とくにヘタに近い部分）は渋が残ります。そこで、私は「干し柿製造装置」を使って禅寺丸を干し柿に加工することにしています。

干し柿用の柿を入手するには

一般に干し柿にする渋柿は甘柿と違い、スーパーなどでは売っていないので、あらかじめ入手先を考えておくとよいでしょう。

一番は、自宅にある柿を活用することです。農文協から出ている『日本の食生活全集』40巻、私のふるさと『福岡の食事』のページをめくると、筑前中山間（内野村）の農家と食べものの挿絵があり（90〜91ページ）、そこには柿の木のある風景が描かれています。あげられている柿の品種は「御所柿」(甘)、「葉隠《はがくし》」(渋)、「大分柿」(渋?)とあり、秋になると明るい色の柿の実がたわわに実った光景を思い出させます。じっさい、山間部に限らず日本各地にはこのような「柿のある風景」が多く見られたものです。

自宅の庭や畑、田んぼの法面《のりめん》などに柿の木があれば、大いに利用しましょう。前にも言った通り、何も渋柿にこだわる必要はありません。本書の装置なら、甘柿でも簡単に干し柿にすることができます。

また、たわわに実っていてもほとんど収穫せずに放置されている柿の実は、残念ですがたくさんあります。近所の

甘柿も干し柿に

「甘柿でも干し柿ができる」と言うと、たいていの人に驚かれます。「甘柿は干し柿にならない」「干し柿は渋柿で作るもの」という定説が人々の頭の中に沈殿して、凝り固まっているように思われます。

一般に、甘柿で干し柿を作ることはほとんどありません。そもそも甘柿はそれ自体が甘いので、そのまま食べることができます。わざわざ干し柿にする必要はないからです。

しかし、それとは別に、気候的な要因で、甘柿は干し柿に加工されてこなかったのではないかと私は思っています。

甘柿が収穫される地域は、気候的に干し柿に適しているとはいえません。甘柿は収穫期の早い品種が多く、その時季の気温や湿度は、自然乾燥に適した気象条件より高い傾向があります。だから、甘柿が採れる地域で、甘柿を自然乾燥で干し柿にしようとしても、だいたいはカビが発生してしまい、「失敗」ということになります。アルコール消毒をしてもダメ（殺菌効果はアルコールの蒸発とともに消失してしまう）。湯通しも単なる気休め。イオウ燻蒸でも効果は長く続かない。干し始めはうまくいきそうに思われても、結局はカビにやられてしまいます。

そのような結果になることがわかっているので、甘柿の干し柿は一般には行なわれません。

余談になりますが、干し柿の適地である寒冷地で、甘柿の干し柿はできないのかと思われる向きもあるかもしれません。残念ながら、寒冷地では甘柿を育てても、その果実は甘くなりにくいのです。したがって寒冷地ではあまり甘柿は栽培されていません（最近、寒冷地でも甘くなる品種が育成されたという話を耳にしたことはありますが……）。

日本の温暖な地帯では甘柿が広く栽培されていて、いろいろな品種が数多くあります。しかし、「甘柿は干し柿にしない、できない」という誤解から、せっかくの価値のある甘柿が樹上でムダになっている現状も多く見られます。※

本書で紹介する簡易な「干し柿製造装置」を使えば、天候に左右されずに、甘柿でもちゃんと干し柿にすることができます。

※「甘柿」と一口にいっても、甘柿には「完全甘柿」と「不完全甘柿」とがあります。「不完全甘柿」は、部分的に渋が残る品種です。授粉樹として植えられている「禅寺丸」などは不完全甘柿です。甘柿でも渋が残る品種は干し柿にするのに適した「甘柿」です（16ページコラム参照）。

知り合いで、そんな所があれば分けてもらうのも手です。私が主に利用しているのも、そういった知人から分けていただいた「富有」や「いさはや」、「蜂屋」などです。身近にある「干し柿資源」は大いに活用したいものです。

通販や読者交換も

身の回りを探しても入手できない場合は、通信販売で購入する手があります。幸い、最近は「通販」が盛んで、各地のいろいろな種類の柿を居ながらにして買うことができます。ただし、通信販売の場合、シーズン前から予約注文を受け付け、シーズン中でも在庫がなくなると販売を終了します。販売前から目星をつけ、早めに予約しておくことをお勧めします（シーズン終盤になると、軟化した過熟品やキズものが混じることがあります）。

また、農文協で発行している月刊誌『現代農業』の巻末コーナー「何でも相談室」を活用するのも一つの手です。早めに「干し柿用の渋柿を探しています。○kgほど適価でお譲りください」などと出しておけば、掲載され、渋柿が手に入るかもしれません。ただし誌面に限りがあるので、少し早めに投稿しておくのがよいと思います（掲載は、投稿順や季節などを考慮され、必ず掲載されるというわけではない。また掲載されても、譲ってくれる農家があるかどうかはわかりません）。

自分で栽培するのもよい

あとは、いっそのこと思い切って自分で栽培する方法です。「あてとつっぱりは、むこうからはずれる」とは、私の祖母がつねづね口にしていた言葉です。

柿には、果実がよく生った翌年は不作になる隔年結果という性質があり、予定していても生らない年はまったく手に入らないことがあります。自分で栽培すれば、施肥や剪定のしかたで、毎年安定して柿を収穫することができます。

私も「あてははずれる」という祖母の教えに従って、数年前に渋柿の大苗（3～4年生）を6品種植えました。現在、「富士」「愛宕」「蜂屋」「市田柿」などが収穫できるようになり、来年（2024年）あたりから、「西条」「葉隠」なども果実をつけるようになるでしょう。

苗木の販売はインターネットで検索できます。3年生以上の大苗を植えると収穫は1年生苗より早まります。

インターネットで「干し柿用渋柿　苗販売」で検索すれば、いろいろなネットショップがヒットし、干し柿用渋柿の苗を入手することもできます。

いっそのこと柿を栽培してしまうのが、一番よいかもしれない

代表的な渋柿の特性

品種名	原産地	成熟期（めやす）	果実の形（縦断面）	果皮の色	甘・渋性	果実の大きさ	果汁糖度	含核数（タネ）
平核無	新潟	10月中～下	方形	黄	不完全渋	中	14.2	0
尾谷	福岡	11月下～12月初	楕円形	橙	完全渋	中	14.2	0.9
葉隠	福岡	11月下～12月初	円形	橙	完全渋	中	17.2	2.8
市田柿	長野	10月下	倒卵形	橙	完全渋	小	17.6	4.3
会津身不知	福島	10月下～11月上	円形	橙	不完全渋	中	17.5	2.1
堂上蜂屋	岐阜	10月下～11月上	楔形	橙	完全渋	中	17.8	2.9
愛宕	愛媛	11月下～12月上	楔形	橙	完全渋	大	17.2	2.1
大和	徳島	11月中～下	楔形	黄	完全渋	大	17.9	2.3
西条	広島	10月下～11月下	楕円形	緑黄	完全渋	小	19.1	3.7
最勝	石川	10月下～11月下	倒卵形	黄	完全渋	中	19.4	3.7
四ツ溝	静岡	10月下～11月上	楔形	橙	完全渋	小	14.6	1.7
青高瀬	熊本	11月下～12月初	宝珠形	黄	完全渋	大	17.9	6.0
富士（甲州百目）	関東東山	10月下	倒卵形	橙	不完全渋	極大	16.5	2.1

NARO（農研機構）［遺伝資源データベース］を参考に作成

干し柿加工に適した果実

ご近所からいただく、あるいは自分で栽培した場合もですが、干し柿用の果実には、果皮が明るい橙色（つまり柿色）になったものを使います。柿の栽培農家は専用の「カラーチャート」（色見本）で果実の成熟や収穫のタイミングを判断しています。しかし、これは専門家のものです。われわれは、「果実の肩の部分の青みが抜けているもの」「ヘタが枯れて少し立ちあがっているもの」「ブルーム（果粉）が消えてツヤの出ているもの」などを目安にします。果肉が柔らかいものやキズ果、黒く変色しているものは、うまく乾燥できない※ので除きます。

市販されている干し柿は、事前に渋抜きをすることがあるようです。しかし、ふつうは乾燥過程で渋は抜けると考えられるので、私は渋抜きはやりません。

（「事前の渋抜き」については54ページ）

※こうした果実を乾燥して、途中で柿から汁（ドリップ）が染み出たら垂れ落ちる前に、早めにカゴから取り除きます。

加工適期の「愛宕」。11月下旬

柿が来た道《ルート》

柿の原産地は、中国、朝鮮半島それに日本ですが、それらのルーツ（起源）はさらに中国中部、長江流域に求めることができるようです。

柿についての記録は中国がもっとも古く、2500年くらい前（中国の戦国時代）の『礼記《らいき》・内則《ないそく》』に「柿」の文字が見えます。すなわち「大夫（君主）には柿を含むいろいろな果実を供す」とあり、古くから特別に美味な果物とされていたようです。前漢の司馬相如《しばそうじょ》の『上林賦《じょうりんふ》』（「上林」は庭園の名）には柿の栽培の適地が記されていたり、11世紀中期の本草《ほんぞう》書《しょ》、蘇頌《そしょう》の『図経本草《ずきょうほんぞう》』には多数の柿の品種が記されています。

中国の柿はほとんどが渋柿ですが、それらの渋柿の一部が日本に渡来して栽培が広まり、その中から生まれた「禅寺丸」が日本の甘柿の祖といわれています。

韓国の柿

お隣の韓国では10月に入ると、各地の市場《シジャン》の果物店やスーパーマーケットの果物コーナーなどに柿がたくさん並ぶようになります。

生果としては、「富有」「次郎」「西村早生」などの甘柿です。これらは日本原産の品種です。生果に遅れて熟柿《じゅくし》や干し柿が出回ります。日本では熟柿が店頭に並んでいるのを見かけることはあまりありませんが、韓国では熟柿もけっこう需要があります。渋柿の品種としては、日本原産の「蜂屋」や韓国原産の「盤柿」、その他、韓国原産の渋柿が見られます。

「盤柿」は韓国の代表的な品種のようで、最大350gくらいの重さになる柿です。果皮が蜂屋よりも少し厚く、熟柿にしても皮が破れにくいので、熟柿に向いた品種です。

韓国原産の柿は多くが渋柿で、現在、甘柿品種が韓国で栽培されているのは、歴史的に日韓のつながりが深く、日本の甘柿品種が韓国（朝鮮半島）に移入されたことによります。

FAO（国際連合食糧農業機関）の生産統計によると、世界の柿の国別生産量は左の通りです（2017年）。韓国は中国、スペインに次いで世界3位の生産量を誇っています。これは現在でも変わりません。

世界の柿の国別生産量

（千トン）

中　国	3,029
スペイン	404
韓　国	298
日　本	225
ブラジル	182
アゼルバイジャン	147
ウズベキスタン	81
台　湾	63
イタリア	50
イラン	30

FAO 2017年統計

きれいに洗って水分をふき取る

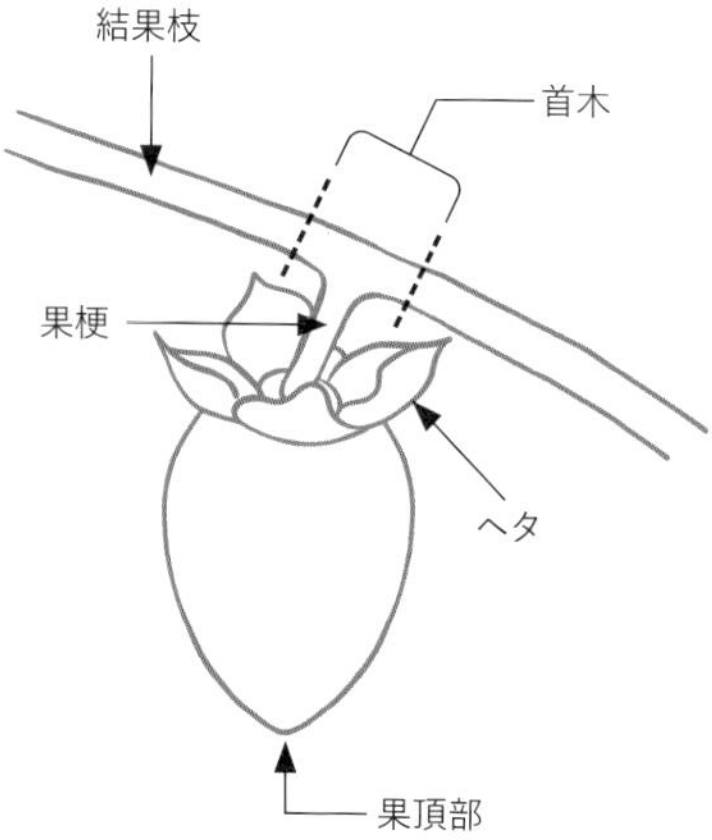

干し柿作りの実際

柿の果実の処理

柿のヘタは必要ないので取り除きます。ヘタをつけたまま皮をむくと、むいた果実の表面が汚れます。

また、果梗を含む結果枝の部分は、ヒモに吊るすためにT字に切り残します。これを首木《くびき》といいますが、トレーに並べにくくなる（ころがりやすい）ので、私は首木はつけません。もちろん首木にこだわる人はどうぞ残してください。

洗う

柿の果実は、収穫したままでは表面に汚れがついています。とくにヘタの所はそうです。そのままだと皮をむいた時に表面が汚れるので水洗い（ヘタの部分はタワシで）をして、水分をきれいにふき取ります（**写真1**）。

皮むき（剥皮《はくひ》）

昔は包丁で皮をむいていました。包丁を使うと皮が厚くなります（むいた果実が小さくなる）。ピーラーを使うと

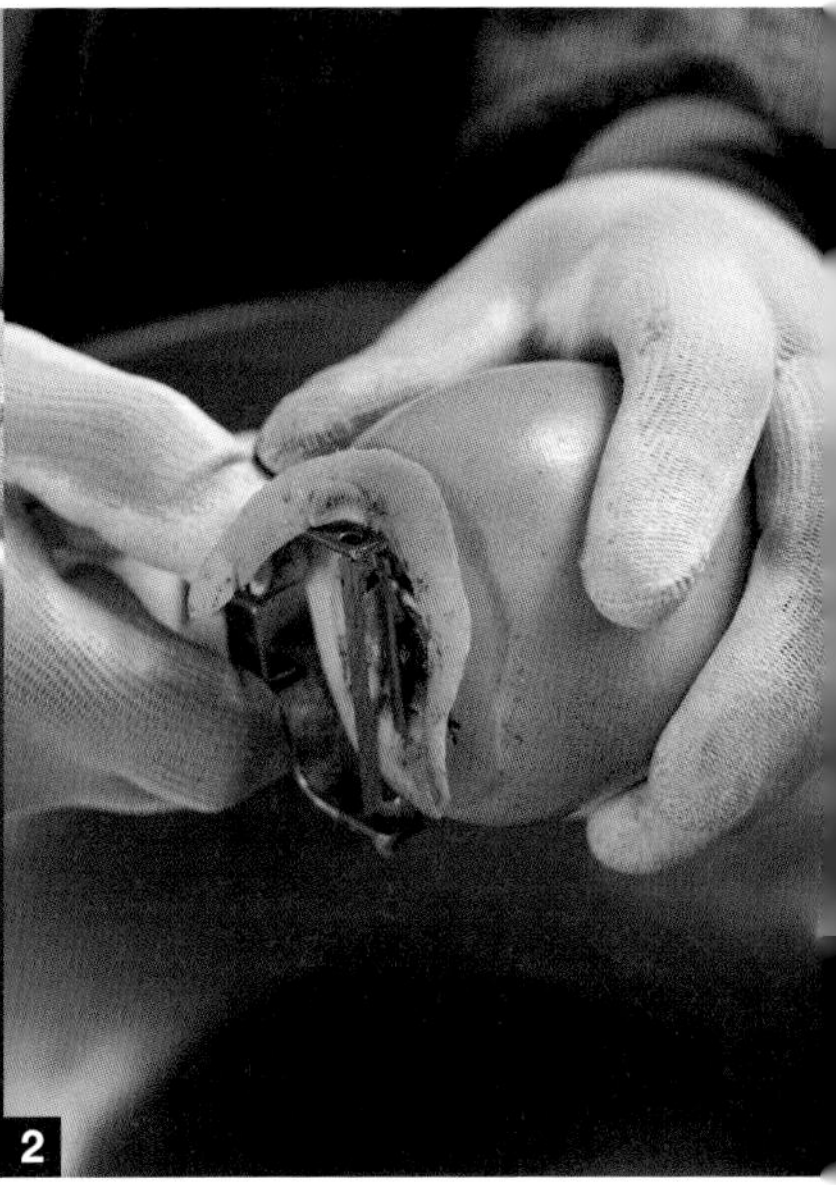

肩の部分をむいたら（**2**）、果頂部に向かってむいていく（**3**）。果頂部の果皮は少し残しておくとよい

薄く均一に、しかも早く皮をむくことができます。

まず、肩を一周ぐるっと丸くむきます。次に肩から果頂部に向かってむきます。果頂部の果皮は少し残しておきます。果肉が柔らかくなった時に、果頂部が破れて汁（ドリップ）が出ることがあり、皮をつけておくことで、それを防ぐことができます。

「蜂屋」や「愛宕」などは果実が細長いので皮はむきやすいと思いますが、円形の「平核無」や「葉隠」などは果頂部にかけて皮が少しむきにくいかもしれません。丁寧にやれば大丈夫です（**写真2**、**3**）。

トレーに並べる

皮をむいた柿は、ヘタの側を下にトレーに立てて並べます。トレーの両端は、上に桟《さん》を置いて通風が悪くなるので、一列分くらい空けておきます。一つのトレーには２００g前後の柿で20～24個くらい入ります（**写真4**）。

入庫

柿を並べたトレーを干し柿製造装置に入れます（**写真5**、**6**）。トレーを入れる前に、底に当たる部分にたたら板の

ヘタを下にしてトレーに並べる

入庫（製造装置に入れる）

桟を3枚ほど渡します。両端に1枚ずつだとトレーの中央がたわむ恐れがあるので、一番下には3枚の桟を入れておきます。その上に最初のトレーを置き、2段、3段と重ねる場合は、桟を両端に並べてからトレーを置きます。この装置に入れるトレーは3枚まで。4枚入れることも可能ですが、上下の温度差が大きくなります。

温度計のセット

トレーを積み終わったら、デジタル温度計のセンサーを、中段のトレーにかかるように入れます。また、反対側の中段には、最高最低温度計を入れます。

目安として、センサーを置く位置は一点に決めておくことにしています。3段の場合は中段の中央、1段の場合はトレーの中央、2段の場合は1段目でも2段目でも可ですが、いずれもトレーの中央という具合です。

それでも中央部の温度は目安です。庫内は温度が均一ではなく、場所によって温度差があります。そのため、トレーを積みかえたり、向きを変えたりします。

最後に保温用シート（プチプチ）の平滑な面を下にして上部を覆い、天板（4枚割り板）を置きます。その際、箱

7
保温用シートをかける

8
両端を少し空けて天板（割り板）を置く

6
トレーを装置に1段入れた状態

の上部の両端を2㎝ほど空けておきます。この部分は内部の空気を外に逃がすスペースになります（**写真7、8**）。

タイマーのセット

タイマーは2時間ON、1時間OFFにセットしてヒーターのプラグをさし込みます。ヒーターのコントローラーは、最初「弱」側に合わせておきます。

運転を始めたあと、庫内が30～40℃になるように調節します。

乾燥を始めたら、時間と重さを定期的に記録しましょう。

乾燥工程のアウトライン

温度管理

2時間ON（入）、1時間OFF（切）の操作はタイマーが自動で行なうよう設定したので、こたつヒーターのスイッチングはそれにお任せすることにして、乾燥工程の温度管理は、ヒーターが入っている間の庫内が35～40℃になるようにコントローラー（温度つまみ）で調整します。

庫内に入っている柿の量が多い時は庫内の温度は上がり

にくく、量が少ない時は温度が上がりやすくなります。また、外気温が高い時は、温度が上がりやすく、低いと上がりにくくなります。庫内に入れたセンサー付き温度計などで内部の温度を確認しながら、ヒーターのコントローラーを調整します。

ちなみに、湿度については、温度が高くなると低くなり、低くなると高くなります。柿が乾燥する工程では、湿度は乾燥のためにはできるだけ低いほうがよいのですが、湿度のコントロールは温度に比べると困難です。「庫内温度の上昇によって、湿度が低下することに期待する」ということになります。私の装置で計ったところでは、最小の湿度は28％くらいになることもあります。

乾燥の進み方

事前に空トレーの重さを計ります。次に柿が入ったトレーを秤《はかり》にかけて、その重量からトレーの重さを引きます。柿の重さはトレーごとに1日1回、同じ時刻に計測して記録しておきます。また、その数値をグラフにすると、乾燥の進み具合がよくわかります（**左図**）。

一般的に、柿の乾燥は、このグラフのようにゆるやかな曲線を描いて進み、乾燥の初期はその進み方がやや早く、後半は乾燥が少し緩慢になります。

庫内は、ヒーターに近い下段は温度が高く、乾燥は早く

柿の重量を計る

なりますが、上段は温度がやや低くなり、乾燥は遅くなる傾向があります。またトレーの左右でも、温度差が生じます。したがって、上下、左右の乾燥（温度）のムラをなくすために、1日に1～2回ほど上下のトレーを積み替えます。同時にトレーの向きも入れ替えます。また、最初のうちは、柿の水分が多く出て保温用シートの表面などに水滴が付くこともあります。そのうち蒸発しますが、多いようならふき取ります。上蓋とプチプチの両端のすき間は、最後まで空けておきます。

乾燥率

柿の乾燥の程度は、本書では「乾燥率（%）」で表します。乾燥率は次の式で求めます。

乾燥果重量÷元重量（むき実）×100

つまり、元重量（むき実）に対して、乾燥果の重量がどれくらいになったかを百分率で示したのが乾燥率です（これに対して「減量率」という指標もありますが、本書では使いません）。

乾燥の進み具合（愛宕を20個〈3.94kg〉、11/19入庫）

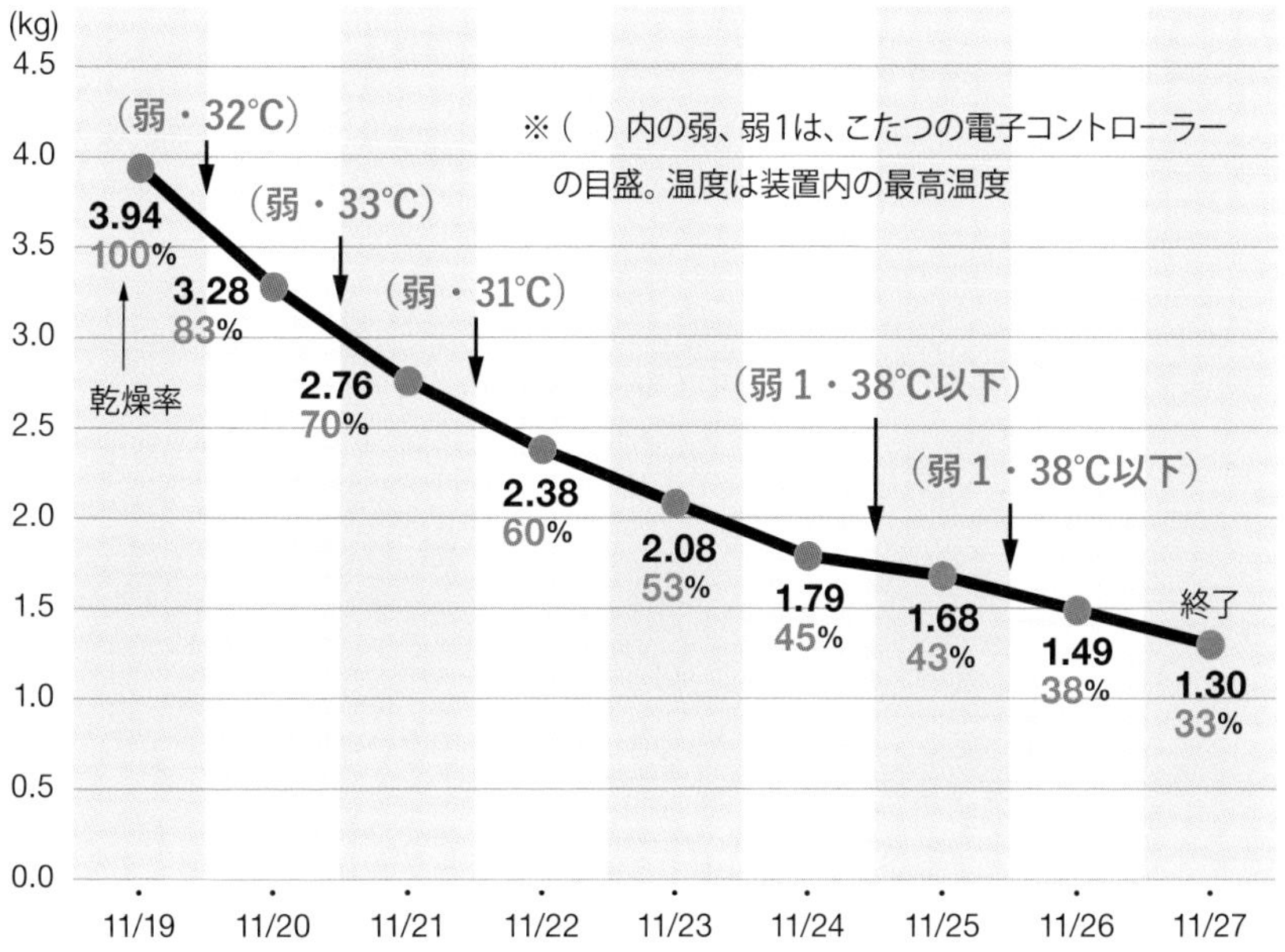

見た目の変化

乾燥の進み方は、見た目や触感によってもある程度わかります。

皮をむいた直後の表面は、明るい白または薄い橙色で水分を含んでいます（**写真1**）。1日から2日で表面はほぼ乾燥します。手で触っても水分を感じない程度になります。

乾燥初期の段階で、庫内の温度が規定よりも高くなりすぎると（例えば45℃以上）、表面に深いタテじわが出て、表面が硬くなってしまうことがあります。これは、乾燥が早く進みすぎるためにおきます。初期の段階でしわが出て表面が硬くなると、乾燥の後半で内部の水分が抜けにくくなり、乾燥のスピードが遅くなることがあります。また硬くて食感が悪くなることもあります。

乾燥率が50％くらいになったものが、**写真5**です。表面の色はやや濃くなっています。指でつまむと、果肉が少し柔らかくなっているのがわかります。しかし、中心部分は

1日め（100％）

2日め。ほぼ表面が乾燥（83％）

3日め（70％）

4日め（60％）

5日め。表面の色がやや濃くなる（53%）

6～7日め。乾燥後半（43%）

8日め（38%）

9日め。ほぼ終了（33%）　（写真：著者。1、8を除く）

まだ硬いままです。

写真6～8は乾燥の後半になります。乾燥率が40%前後になると果肉は全体的に柔らかくなります。中心部分も少し強くもみ込むと硬い状態がほぐれて、種子が入っていれば、種子も確認できるようになります。表面の色も最初に比べればだいぶ濃くなっています。

写真8は、乾燥を始めて9日めの状態です。乾燥率は32～35%で、ほぼ終了となります（表面の色は、この先も徐々に濃くなっていきます）。

柿もみ（整形）

乾燥率が35%くらいになったら「柿もみ」を行ないます。柿をそのまま乾燥し続けると、乾燥によって果肉が硬くなってしまいます。外から力を加えて、果肉をもみほぐすことで、果肉を柔らかくすることができます。また、しわを伸ばしたり、ゆがみを直して形を整えることも同時に行ないます。

柿もみは、柿を指でつまんでもみほぐすようにします。巻き簀《す》の上でコロコロころがす※ようにもんでもいいです。果肉が硬くなりすぎたものはもみにくく、反対に乾燥が不十分な状態でもむと、表面が破れてしまうこともあります。柿もみは乾燥率35％くらいを目安に、実際の感触を見ながら行ないます。乾燥終了までに、通算で3～4回行なうとよいでしょう。

※「ころがき」は、この「ころがす」が語源のようです。

乾燥の終了

乾燥が進むと、それに従って果肉の水分は徐々に減少します。その関係を示したものが下の表です。この表から、乾燥率が35％くらいで水分率は49％前後、乾燥率が27％くらいで水分率は33％くらいになることがわかります。水分率が49％くらいのものは、干し柿としては水分がやや多めかと思われますが、「あんぽ柿」はこの程度の水分量です。果肉が柔らかい感触の干し柿となります。果肉の水分が33％くらいになると、「あんぽ柿」よりも歯ごたえがしっかりした食感になります。

水分率と乾燥率

	硬 ←				肉質				→ 柔
水分率 %	33	36	38	40	42	44	45	47	49
乾燥率 %	27	28	29	30	31	32	33	34	35

出典：「あんぽ柿の加工」福島県農業総合センターp19、「はく皮後の柿重量と乾燥歩留から水分の推定早見表」より作成

乾燥終了直後（写真：著者）

水分が多めのものは、水分が表面に染み出してベタつくこともあり、長期の保存には向きません。しかし、すぐに食べれば問題ありません。もちろん、水分が少なめのほうが保存性は高まります。

それでは「いつ乾燥を止めるか?」ですが、これは自分の好みで決めてください。柔らかいのが好みなら乾燥率40%でもよし。ただし、これは決して市販には向かない柔らかい干し柿です。1日、2日続けて乾燥率30%以下となれば、これはもう「完成」。自分で作った「絶品干し柿」です。

保存法

何かにつけて、すぐに「どれくらいの期間保存できるか?」とか、「どのように保存するのか?」ということを耳にしますが、私には保存にどの程度の意味（価値）があるのかよくわかりません。干し柿について言えば「できたてが一番うまくて、価値がある!」と、干し柿の作り手としては感じています。干し柿ができたら保存などを考える前に、まずは皆で楽しくいただく、これが私の流儀です。保存はそれでも余ったら、という順番です。

保存には次のような方法があります。

❶冷凍保存　干し柿をビニール袋に入れて冷凍すれば、比較的長く保存することができます。日付・品種・乾燥率などのデータも書き添えておきましょう。冷凍干し柿も結構うまいものです。ただし、解凍時にドリップが出ることがあります。

❷冷蔵保存　常温よりも保存性は良好ですが、水分が多めのものにはカビが発生することがあります。少しでもカビが出たら、焼酎（35度）でカビをふき取ってから冷凍します。

❸常温保存　気温が下がって霜がおりるような日が続く頃になれば、涼しい所である程度は保存可能です。ただし、保存する時は、ビニール袋に入れて、しっかり口を閉じておきます。

なお、干し柿作りでカビが発生する条件は気温20〜25℃、湿度は70〜80%以上と言われています（一説には15℃以上でカビが発生するとも）。暖地での干し柿作りでカビが発生して失敗しやすいのは、適地に比べてこの気温や湿度が高いためです。イオウ燻蒸などの処理をしても、条件が揃えばやはりカビは発生します。

柿の糖度と「渋味」

柿の実の糖度は、ふつう屈折糖度計で測ります（デジタル糖度計は高価）。

収穫適期（登熟したもの）の甘柿は、渋味はなく、文字通り甘味があって生果のまま食べることができます。しかし渋柿は、甘味はあるものの渋味が強くて、とても食べることはできません。

その渋柿（適熟生果）を屈折糖度計（以下「糖度計」）で測ると、18％とか19％、ときには20％以上の値を示します。これは一般的な甘柿の糖度よりも少し高い数値です。種苗会社のカタログで柿の品種特性を見ても、甘柿より渋柿のほうが、糖度は少し高く示されています。

このことから、私は「渋柿は甘柿より糖度が高い」というイメージを抱いていました。この認識は正しいのでしょうか？

話は飛びますが、ブドウの世界では、糖度計でブドウ果汁の糖度を測定すると、果汁などに含まれるポリフェノール類などを糖として読み込むので、実際の糖度よりも少し高い数値が出るという知見があります。

じつは柿の渋味の正体は水溶性のタンニンで、水に溶けたタンニンを「渋い」と感じています（動物も渋柿は食べません。渋のない熟柿は食べます）。そのタンニンはブドウと同じポリフェノールの一種です。したがって糖度計はこの水溶性のタンニン（ポリフェノール類）も糖として読み込んで糖度を示していると考えられます。甘柿は水溶性のタンニンを含まないので、糖度計の数値は甘柿の糖度をほぼダイレクトに反映しています。

渋柿の糖度を測る場合は、この「渋」（ポリフェノール類）の数値のぶんを差し引く必要がありますが、「渋」の測定方法がないので、渋柿については直接糖の値を知ることはできません。ただし、渋果の糖度を測っておいて、その後に渋抜きして糖度を測れば、本来の糖度と渋（ポリフェノール類）の値を推定することができそうです。

実際にやってみました。

２０２２年11月10日（木）渋柿「愛宕」1個の胴側面の果肉を切り出し、果汁をしぼって糖度計で測定しました。果汁糖度は18～19％の間を示しました。その後ただちにドライアイス約12ｇと一緒にビニール袋に入れて、口を軽く結び（ドライアイスが小さくなったら口をきつく結び直す）、室内に置いておき、11月15日（火）、再び同様に測定したところ、糖度は16％となりました。

この結果から、この柿の実質的な糖度は16％、渋は2～3％ということが推定できます。

「干し柿製造装置」によらない作り方 ―もっと簡単な方法

「干し柿製造装置」が一つあれば、毎シーズンどんどん干し柿を作ることができるのですが、いろいろな事情で（「めんどうくさい」という人も含めて）装置を自作するまでにはいかない人もいるかもしれません。そんな向きには、さらに簡易な方法があります。要は、ある程度の温度と通風が得られるものであれば、干し柿作りに活用できます。

電気こたつを使う

電気こたつなら多くの家庭にあるでしょう。私が作った装置は「こたつ」のファン付きヒーターを活用したものです。ただ、電気こたつは温風が上から流れますから、通風がやや弱くなるかもしれません。この点を除けば、電気こたつも十分活用できます。これでもカゴトレー1～2段分くらいは入ります。

電気こたつはふとんをかけたままにします。カゴトレー1枚を上下逆さに置き、その上にむき柿を入れたトレーを

5日後

こたつ乾燥で仕上げた干し柿（富士）
（写真：著者）

置きます。こうすることで通風を確保します。トレーがなければ、ザルなどの通気性のあるものでも代用できます。柿を入れた部分が30～40℃になるように微調整します。こたつの電源は、安全のため就寝時には切ったほうがいいでしょう。

私は「富士」6個をこのやり方で干し柿にしてみました。左の写真の通り、4～5日で乾燥率約37％のものができました。天日干しなら、1個でも100個でも1カ月前後はかかるし、途中でカビが生えたりして失敗に終わることが多いものが、数日でちゃんと干し柿に仕上がるのです。

温度コントローラーは「弱」に合わせて、柿はときどき反転させます。

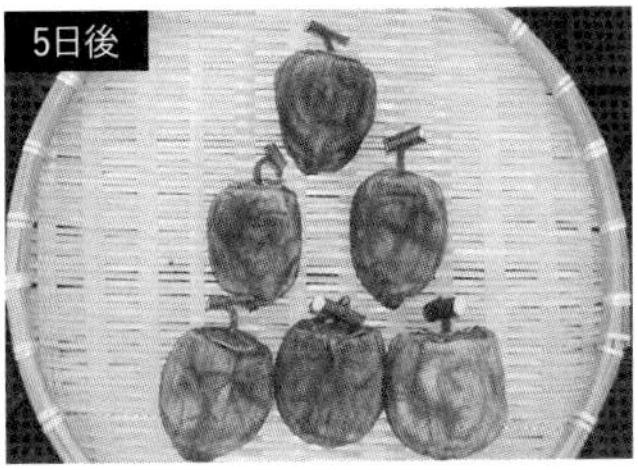

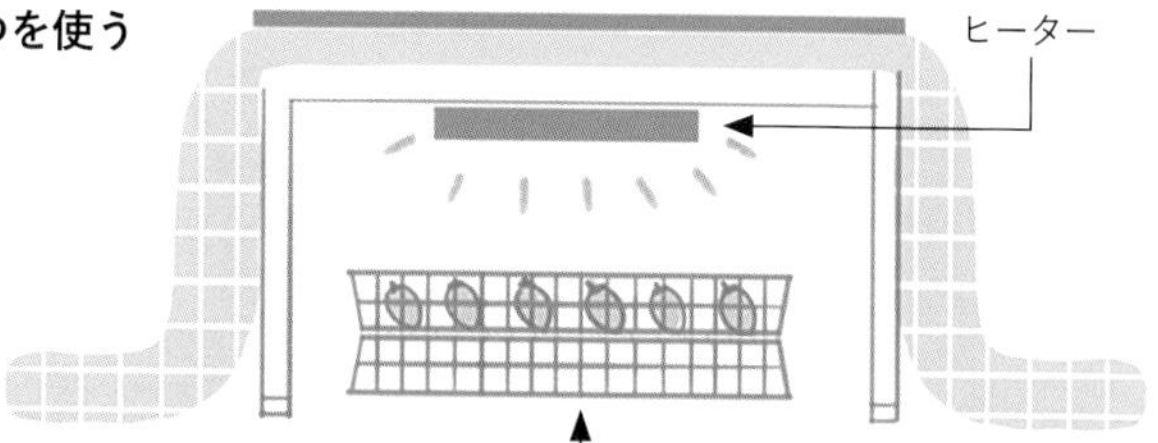

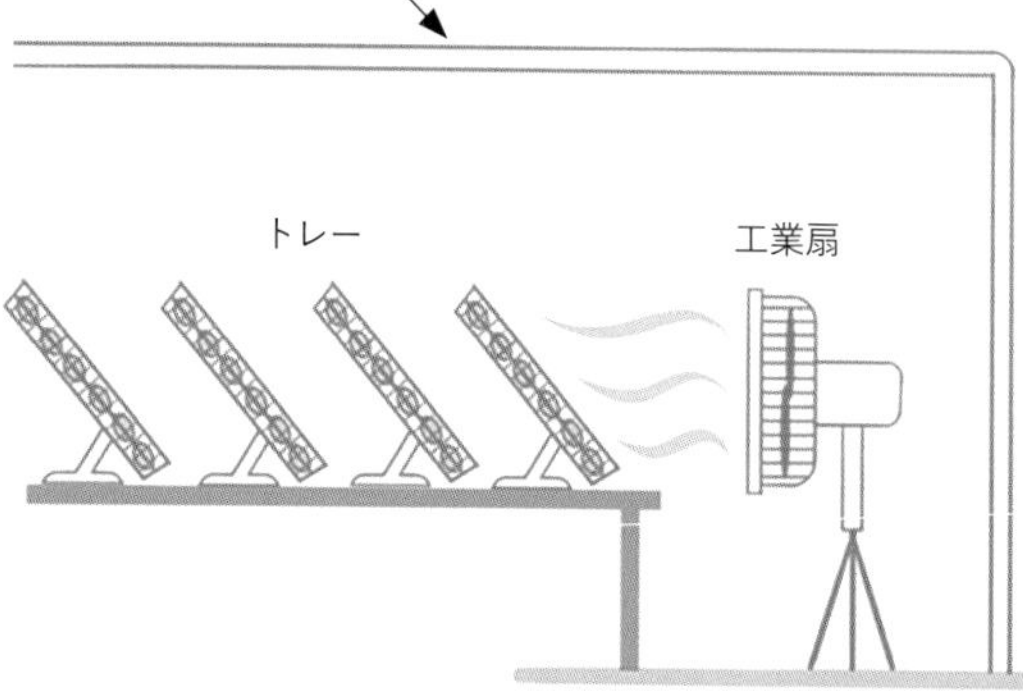

ビニールハウスと工業用扇風機で

干し柿は韓国や台湾でも作られています。これらの国ではビニールハウスの中にむき柿を並べて、工業用の大型扇風機で風を送って作っています。韓国は天日乾燥で干し柿を作るには気候的に適していますが、亜熱帯に属する台湾は、私が住む千葉県よりも干し柿作りの条件はよくありません。その不利な条件でも立派な干し柿を作っているのは注目に値します。

そういえば、私の知人の故郷、熊本（西南暖地）でも、工業用扇風機を使ってビニールハウスで市販用の干し柿を作っています。

これらの例は、強い風と、ビニールハウス内の比較的高めの温度で干し柿ができることを示しています。私はこの方法で干し柿を作ったことはありませんが、ビニールハウスのある農家などでは一度試してみる価値はありそうです。

柿霜を出すには

「柿霜《しそう》」と言ってもピンとこないかもしれませんが、干し柿の表面に吹いた白い粉のことです。

真っ白な粉が吹いた干し柿は、長野県下伊那地方の「市田柿」が有名です。干し柿の作り手としては、できればこの市田柿のような美しく柿霜が出たものを作ってみたいものです。

今までの私の経験では、うまくいけば柿霜が出ましたが、ほとんど偶然に近く、成り行きに任せたもので、出方もまばらでした。

市田柿に限らず、他の産地の干し柿でもちゃんと柿霜が出ているのだから、その理論と技術はあるはずだと考え、以前から調査、研究を行なってきました。

その結果、柿霜を出す方法（「起霜《きそう》」と言います）について、ある程度解明することができました。ただし、これは「いつでも、どこでも柿霜が出る」というものではなく、いくつかの条件がタイミングよく揃う必要があります。まだ完全ではありませんが、今までに解明できたところを紹介します。

柿霜が出るメカニズム

柿の果実には、水分をはじめ、糖質、繊維質、脂質、ミネラル、ビタミンなど多くの成分が含まれます。このうち糖質は、ショ糖、ブドウ糖、果糖で、これらが柿の甘味の

柿霜が出た干し柿

成熟果実の糖分構成（g/100gfw）

	ブドウ糖	果糖	ショ糖	総糖	水分
平核無（渋）	4.5	4.0	5.6	14.1	-
富　有（甘）	2.0	1.9	10.8	14.7	-

（松井弘之「ブドウ栽培における諸問題VII.」ASEV Jpn.Rep., Vol.4, No.2(1993)より

	ブドウ糖	果糖	ショ糖	総糖	水分
甘　（生）	4.8	4.5	3.8	13.1	83.1
渋抜き（生）	5.8	5.2	2.6	13.6	82.2

（日本食品標準成分表2020年版（八訂））

成分です（成熟果実の糖分構成表参照）。ショ糖は二糖類といわれ、ブドウ糖と果糖が結びついたものです。このショ糖は、果実内の酵素[※]によってブドウ糖と果糖に分解されるので、干し柿を含む柿の果実の糖分は、最終的にブドウ糖と果糖になります。これらは、柿の果実が乾燥する過程で濃縮され、さらに水分とともに果実の表面に徐々にしみ出し、その水分が蒸発することで、おもにブドウ糖が結晶化します。これが柿霜と言われるものです。

なぜブドウ糖の結晶かというと、ブドウ糖は水100gに約88g溶け、果糖は388gくらい溶けます（いずれも20℃で。次ページの囲みも参照）。ということは、水の中にブドウ糖と果糖が同量溶けているとすると、ブドウ糖のほうが早く飽和状態になり、先に結晶化（析出）します。したがって、柿霜はおおむねブドウ糖の結晶というわけです。

果糖は溶解度が高い（水に多く溶ける）ので結晶化しにくく、水に溶けたままの状態だと考えられます（ブドウ糖と果糖は見た目では区別はつきませんが）。以上が、柿霜が出るメカニズムです。

※インベルターゼ、サッカラーゼ、スクラーゼなどと呼ばれている。三つとも同じもの。

「市田柿」産地のやり方

前掲の『日本の食生活全集』などを見ると、適地では季節になると何の問題もなく、白粉が吹いた美しい干し柿ができています。しかし、暖地などの適地ではない所で、その方法をまねても見事に失敗してしまいます。しかし、だからと言って、不適地での柿霜の出し方を記したものなど、どこを探してもありません。

そこで、干し柿（柿霜）作りの先進地である「市田柿」の産地ではどのような方法でやっているのかを見てみることにしました。さいわい、その干し柿作りを詳細に記した文献があります[※1]。

本書には、市田柿の栽培や干し柿の加工技術などが長野県農業試験場の専門家によって詳しく書かれています。とくに「粉出し」(起霜)については他に類がないほど具体的に記されていて、私にとって貴重な情報です。以下、「粉出し」の部分の大事なポイントを一部引用してみます（波線部は大事なポイント）。

「（取込み時期は[※2]）干し果の重量が剥皮直後の33〜35％になったころである。……、果肉はようかん状になったとき

ブドウ糖の溶解度

ブドウ糖の水に対する溶解度を調べてみると、ネット上では10℃、20℃、25℃、40℃の溶解度しか見つかりません。それ以外の、連続する温度の溶解度を知りたいのですが、どういうわけか出てきません。

そこで、0℃、5℃、8・5℃それぞれの温度でブドウ糖が水にどれくらい溶けるか自分で調べてみました。それがグラフ左側の○印です。

香川大学の「単糖類物性データ集」の説明には「(単糖類の)グルコース、フルクトースなどは低温域で水和物を形成するため、溶解度が急に減少する」とあります。ここでいう「低温域」がどの温度域なのか不明ですが、この記述と私が得た数値を考え合わせると、点線のようになるのではないかと推測されます。

要するに、水温10℃以下の温度域では、ブドウ糖の溶解度が急に減少するので、水に溶けているブドウ糖が結晶化しやすくなるということになります。

水100gに対するブドウ糖の溶解度

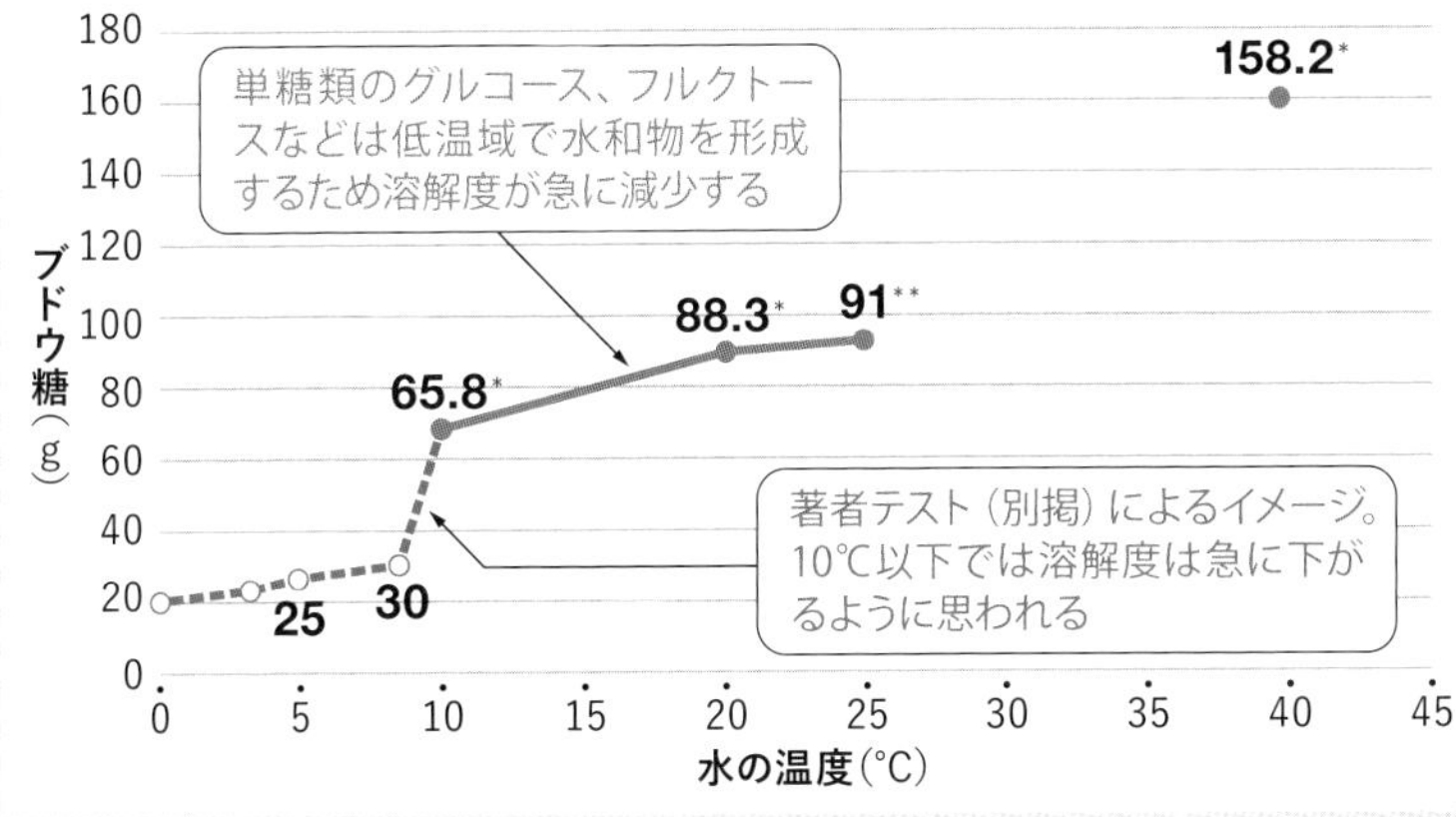

* 香川大学農学部「単糖類物性データ集」
** ウィキペディア

著者テスト(0℃一律と、30g一律で実施)

水の温度(℃)	ブドウ糖(g)	溶け残り
0	20	少
0	25	多
0	30	極多
5	30	やや少
4	30	やや多
3	30	多
2	30	極多

(注)0℃で水100gに30g溶かした水溶液は、8.5℃で完全に溶けた(白濁がなくなった)

である。

　取込みに連続する作業として、果柄切り、……、寝かせ込み、天日乾燥、カキもみ、粉出しがある。これからの作業時に低温条件でないと白粉が出ないので、晴天が続き夜間冷え込むときを見はからって行なう。」

「連から外したカキは……表面に凹凸をつけた厚紙（ピロシート）の上に山積みにし、上からビニール、ピロシートで覆う。１昼夜すると、乾果の表面は汗をかいたように水分と糖分が浸出して粘りが出て湿った状態になる。これを「寝かせ込み」という。……

　この後、平コンテナなどに一つ並べにして天日で乾かす。……１日に２～３回くらい手直しして均一に乾くようにする。……夕方取り込み、柿もみ機にかけてもんだ後、再び寝かせる。この作業を３～４回繰り返すことによって、果実内部からの水分が出て、干し果表面に白粉が付着する（粉出し）。」

「粉出しは温度の低い場所で行なう。ピロシートで行なう場合は覆いをかけて粉出しに入る。紙袋などへ３分の１くらい入れ……粉出しをするのもよい。ふつう３日くらいで粉出しが完了する。剥皮時重量比で27～30％になり、全面に白粉を出させたものを整形、パック詰めして出荷する。」

※１ 農文協発行『農業技術大系 果樹編』第４巻カキ・市田柿 技１８０の４～技１８１p
※２「取込み」は天日乾燥を終了すること

起霜のポイント

以上のことから、起霜のポイントをまとめると次のようになります。

❶乾燥の切り上げは、乾燥率が33％から35％になった頃
❷柿霜を出すには果肉が「ようかん状」になった時
❸低温条件が必要
❹「寝かせ込み（一括して保湿する）・天日乾燥・柿もみ」を３～４回、つまり、３～４日繰り返す。
❺最終的な乾燥率は27～30％くらい

　①については柿の重量を計測すれば簡単に出ます。
　②は干し柿の果肉の硬さ（柔らかさ）についての感覚的な表現ですが、的確な表現だと思われます。果肉が「ようかん状」になっていることで、柿もみもうまく行なうこと

ができます。

③の低温条件というのは現地の気候[※]によるものですが、ブドウ糖の結晶化（析出）を考えると、この条件は必須です。

④は、今までどの程度行なうのかが不明でした。現地ではこの「粉出し」はおおむね1週間もあれば終了することがわかります。

⑤ですが、乾燥が進みすぎると柿霜は出ても果肉が硬くなってしまいますので、これぐらいが「粉出し」終了の一つの目安になります。

以上のことを踏まえると、柿霜を出すには低温条件は必須ですが、その他のことは手作業でこなすことができます。では、自然の低温条件に恵まれない地域ではどうするか？　冷蔵庫を活用することにします。

※市田柿の産地、長野県下伊那地方は11月中〜下旬になると「粉出し」の条件に適した気候（低温と晴天）になるようですが、私が住んでいる千葉県北東部は同時期に低温条件になることはありません。

冷蔵庫で柿霜を出す

柿の果実が大きいものは乾燥に時間がかかり、表面は乾いても果実の内部の水分が抜けにくい傾向があります。できれば中〜小ぶりのものを使ったほうが成績はよいでしょう。作業手順は次の通り。

❶干し柿の乾燥終盤、乾燥率35％くらいを目安に柿もみを行ないます。先の文献にあった、「果肉はようかん状になったとき」というのが、乾燥率がおおむね35％になった頃です。これを、乾燥を切り上げるまでに2〜3回行ないます。

❷乾燥率32％くらいで「出庫」とします。出庫時に柿もみを1回。

❸薄手のビニール袋（0・02㎜くらい）に入れて口を軽く結び、冷蔵庫に入れます。冷蔵庫の温度は3〜5℃に設定しておきます。

❹毎日1回柿もみをします。表面はしっとりと潤《うる》みをもつような感じになります。

❺1〜2週間で白っぽい柿霜が見えてきたらよい兆候です。そのまま冷蔵庫で柿霜の生長を見守りましょう。

❻袋に入れた状態でも、水分は少しずつ抜けて乾燥していき、柿が硬くなってしまいます。適当な柔らかさのうち（乾燥率25〜28％くらい）に終了とします。

柿霜がうまく出なかったら

冷蔵庫に入れて1カ月以上経っても柿霜が出ない、あるいは出てもまばらで全体に回らないこともあります。

理由の一つは、柿もみが十分ではなく、果肉の水分が表面に出ていないこと、また生果そのものの糖度が低いことも考えられます。糖度の高い柿ほど柿霜は出やすいのですが、生果の糖度を外見で知ることは不可能です（屈折糖度計の表示には糖分以外の要素も入る。40ページ参照）。生果の糖度が低いとブドウ糖が結晶化しません。また、果肉の水分が多いために全体として糖度が低くなり、ブドウ糖が結晶化しないことも考えられます。

太陽光と低温条件で柿霜を出す

12月に入ると、当地でも低温条件が期待できる気候になります。そこで、週間天気予報などを参考に、冷蔵庫とともに天日乾燥による起霜も行なってみました。

12/8 柿霜が少し出ているのを確認

12/10 柿霜が3～4割に拡大

12/12 柿霜が薄いところは水分が多い

12/14 ほぼ全面に柿霜がまわる　（写真：著者）

柿の品種は「愛宕」、総量4・5kg（15個）、1個の平均果重は300gのもの（大玉の中でも大きいほう）を使いました。大玉の柿は乾燥に時間がかかります。また、乾燥が均一になるよう果実の重さもできるだけ揃えます。

11月23日に「干し柿製造装置」に入れて、12月2日に出庫しました。出庫時の乾燥率は33・7％でした。2、3日冷蔵したあと柿もみをしたところ、少し柔らかい感触だったので、さらに追加の乾燥を行ないました。

その後、乾燥率31・5％くらい、果肉の硬さが適当（ようかん状）と思われたところで乾燥を切り上げ、ビニール袋に詰めて冷蔵しました。この段階で果肉が柔らかすぎる（水分が多い）と柿霜が出にくくなります。また、果肉が硬すぎても仕上がりが硬くなってしまいます。適当な硬さ＝ようかん状の硬さを指先の感覚で知ることも大事な技術です。以下、日ごとの記録です。

12月7日　曇／晴　雲が多く、晴れ間の時間が期待できないので10時頃柿もみを行なったあと、ビニール袋に入れて冷蔵（以下同）。柿の表面は潤みをもってしっとりとしていた。指でさわるとベタつく。夕方、軽く柿もみ。その後、冷蔵。

12月8日　晴　朝から午後3時頃まで天日干し。途中、裏表を反転。午後、柿霜が少し出ているのを確認。夕方、取り入れて柿もみ。のち、冷蔵。（**写真1**）

12月9日　晴／曇　午前10時から午後2時まで天日干し。取り入れ後、柿もみ。その後、冷蔵。

12月10日　晴　天日干し↓柿もみ↓冷蔵。柿霜が3～4割に拡大。（**写真2**）

12月11日　曇　曇天で一時小雨。太陽光が期待できないので、「干し柿製造装置」に入れ30℃以下で6時間乾燥。

12月12日　晴　快晴で冷たい北風がやや強く吹き、湿度も低い。午前10時から午後3時まで天日乾燥。午後2時半頃には写真のような柿霜が見られた。柿霜が薄いところは柔らかく、水分が多い。（**写真3**）

12月13日　雨／曇　湿度89％（朝9時）。冷蔵庫に入れたまま。朝、夕1回柿もみ。柿霜に大きな変化はない。

12月14日　晴　北風がやや強い。湿度45～50％。午前9時から午後3時まで天日干し。写真は午後2時頃のもの。柿霜はほぼ全面に回る。**（写真4）**

起霜8日間のうち、晴れた日は3日ほどしかなく、快晴の日が連続していれば、もう少し早く柿霜が回ったかもしれません。乾燥率27・0％。この時点で柔らかさも適当で、これ以上乾燥すると硬くなりすぎる恐れがあり、これで「完成」としました。

この起霜方法は、太陽光と低温条件に秘密があるようで、これを機械で行なうのは難しいかもしれません。下手をすると、過乾燥になって果肉が硬くなる恐れがあります。

すべての干し柿に柿霜を出す方法はまだ解明されていません。自分で柿霜を出してみたいと思っている方は、本書を参考にぜひチャレンジしてみてください。市田柿があれほど美しく、世間で評価の高いものになったのは、関係者が一致協力して干し柿作りの技術を蓄積してきた結果によるものです。一朝一夕で得られたものではありません。

「もどり」について

干し柿を気密性の高いビニール袋などに入れておくと、袋に水分が出ることがあります。これを「もどり」（「水もどり」とも）といいます。

もどりは、干し柿の果肉の水分が多い場合に出やすく、カビが生える原因になります。干し柿の産地では品質管理のポイントの一つにしているところもあります。しかし「わが家の手作り干し柿」は出荷を前提にしているわけではないので、大きな支障はありません。

ただ、柿霜が出ている干し柿にこの「もどり」が出ると、柿霜が水分に溶け込んでしまいます。水分が多い干し柿で、温度が比較的高めのところに放置するともどりが出て、柿霜が消失（溶けてしまう）する恐れがあります。ビニール袋に入れて冷蔵または冷凍で保存するようにします。

かき・柿の語源

国語の「かき」はどのように説明されているか、『日本国語大辞典』（小学館）で改めて調べてみました。

「**かき【柿】**—カキノキ科の落葉高木、またはその果実。日本では有史以前から栽培されていたとみられ、中国にもある。……中略……果実は長さ3～10センチメートル、肉質で熟して柿色になる。品種により実の形は異なる。甘柿と渋柿の別があり、甘柿は富有、御所、次郎（柿）、渋柿は禅寺丸※1、平核無（ひらたねなし）など多数の品種がある。甘柿は果肉が堅いうちから甘くて、そのまま食用となる。渋柿は脱渋するか干し柿にする。……以下略…」

「かき」の語源については同書では次のような諸説を紹介しています。

（1）赤い実のなる木アカキの上略（和句解・東雅・大言海※2）

（2）その実の色から、アカキ（赤）の上略（日本釈名・和訓考など）

（3）赤（アカ）の別音kakの転（日本語源考＝与謝野寛）

このように各説とも、「かき」は大和言葉にその起源を求めています。

しかし、「かき」の言葉のルーツは韓国語（ハングル）にあるのではないかという指摘もあります。

韓国語で「かき」のことは「kam(gam)」と言います。「木」は「nam」で、「かきの木」は「kam nam」ですが、日本に近い慶尚南道の方言で「かきの木」のことを「kam nam gi（カンナンギ）」と言い、この「カンナンギ」の縮まった言い方が「かき」だと言うのです。私はこの説のほうが納得できます。

ちなみに韓国は方言の「るつぼ」と言われています。言語学者の河野六郎氏によると「木」は「namu」のほか、「nangu」「nangi」「nengi」「nan」などの言い方があるようです。

ついでに、漢字の「柿」についても触れておきます。「柿」は「木」（意味）と「市」（シという音）との形声文字です。「市」（シ）は「渋」（「シュウ」呉音）の仮《か》借《しゃ》字（あて字）で、「渋」（しぶい・しぶる）を意味します。したがって、「柿」の原義は「しぶい実のなる木」という意味です。

もともと中国に甘柿は存在しないと言われています。現在中国で流通している甘柿品種の多くは日本原産です。

※1「禅寺丸」は甘柿だが渋が残るので一般には「不完全甘柿」とされている。

※2『大言海』の本文には「赤木（アカキ）ノ上略ニテ、實ノ色ニツキテノ名カ。」とある。

3章 干し柿作りをもっと多彩に、おいしく

柿を乾燥させる工程を工夫することで、自分好みの干し柿が作れます。
その干し柿をおいしくいただく、日本人の知恵も紹介しましょう。

乾燥操作のいろいろ

「乾燥工程のアウトライン」（33ページ）で、温度管理について基本的な操作を説明しました。本書の「干し柿製造装置」はこたつ用電気ヒーターのダイヤル操作だけで、庫内の温度を高めにも低めにも比較的容易にコントロールできます。天日乾燥ではそうはいきません。この温度の「高」「低」だけでも、干し柿のできにちょっとした変化、差が生じます。

早作り法

ヒーターのダイヤルをほんの少し「強」のほうに回して、庫内を40～45℃くらいになるように調整。タイマーは基本

「禅寺丸」を使っての早作り法

1 「禅寺丸」で干し柿を作る

2 皮むき後（11/13）、右2列はゴマがなく、渋が抜けていない。左2列はゴマが出て、渋が抜けている

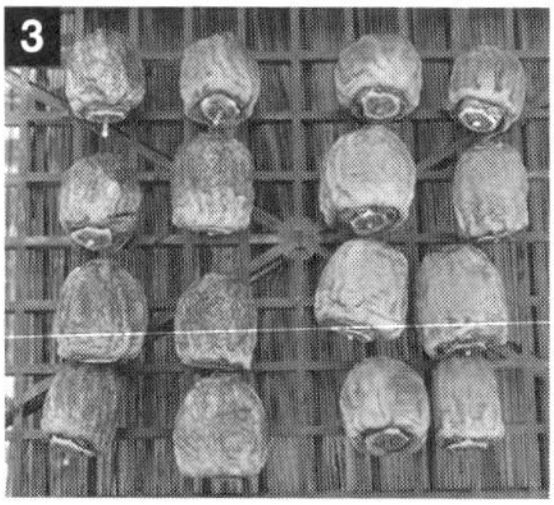

3 11/13の12時から11/16の12時まで装置に。乾燥率41％

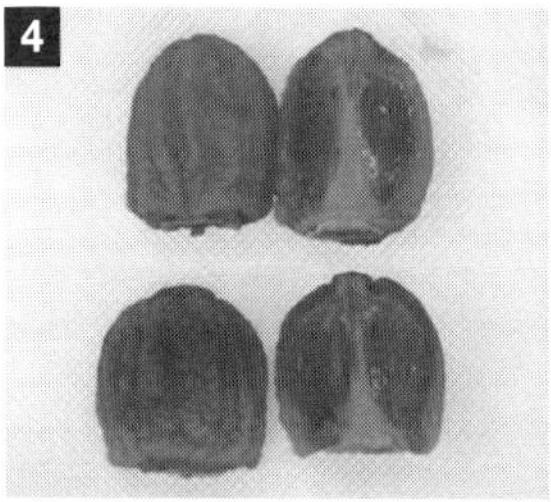

4 上段は表面にゴマが出ていなかったもの、下段はゴマの出ていた柿。それぞれの仕上がり

（写真：著者）

操作の通り、2時間「ON」、1時間「OFF」のままです。この状態で、トレー1枚に中程度の柿を10～20個くらい入れて（多くは入れない）乾燥すると、4～5日で乾燥率40％くらいの干し柿ができます。いわば「早作り」の干し柿です。褐変が少なく、果肉、表面とも明るい橙色で、大変きれいな仕上がりになります。

甘柿なら渋は出ませんが、渋柿でも4～5日間温風乾燥を行なえば脱渋※して、渋は残らないはずです。

※事前に渋抜きができればそのほうがよい。

天日乾燥風の昔ながらの干し柿

「早作りの干し柿」も短期間で美しく仕上がるという点で大いに意外性がありますが、「干し柿はやっぱり天日乾燥だ」という声もあるでしょう。そこで、伝統的な干し柿作りに学びつつ、天日干しの長所も取り入れた干し柿作りを紹介します。

作業手順は次の通り。

①初期乾燥

初期の乾燥は庫内約35℃くらいで、1～2日間連続して行ないます。タイマーは常時通電にします。これは果実内のショ糖を分解してブドウ糖と果糖にするのを促進する効果があります。

②断続乾燥

乾燥率が70％を切ったら、断続乾燥に移ります（タイマーを元に戻す）。

庫内の温度はヒーターが入っている時は35℃くらいに調節します。乾燥率が40％くらいになるまで乾燥します。ゆっくりと乾燥を進めることで、その間に柿の内部の水分が均等になり、しっとりとした食感が生まれます。柿の表面の見た目も潤みのあるものになります。

「天日乾燥風」の工程

1	2	3
初期乾燥	断続乾燥	仕上げ乾燥
1～2日・連続 約35℃	7日間くらい ON時約35℃	2日間くらい 約30℃
↓	↓	↓
乾燥率 70%	乾燥率 40%	乾燥率 35%

③仕上げ乾燥

乾燥率が40％程度になったら、約30℃で2日間くらい連続乾燥します。タイマーのスイッチは「連続」にします。これは、柿の表面を乾燥させて果汁が外に出るのを防ぐためです。乾燥率が35％くらいになったら、「柿もみ」を軽く行ない、形を整えて乾燥を終了します。

これでしっとりとした天日乾燥風の昔ながらの干し柿が、比較的短期間で完成します。

渋抜き

甘柿を干し柿にしても渋が残ることはありませんが、渋柿（不完全甘柿の「禅寺丸」などを含む）を短期間で仕上げた場合には、できたての際に渋味を感じることがあります。しかし2〜3日おけば渋味は消えるはずです。

また、渋柿の中には脱渋《だつじゅう》（渋の抜け）が悪い性質を持ったものがあります（例えば「蜂屋」、「愛宕」、「葉隠」など）。収穫が早すぎたものや肩の部分に緑が残っているものも、渋が残ることがあります。脱渋性が悪いとわかっているものや、その可能性があるものは、事前に渋抜きをしておくといいでしょう。

柿の渋抜きにはいくつかの方法がありますが、ドライアイスを使う方法が比較的簡単です。

ドライアイスは、スーパーマーケットや菓子店で、冷凍食品などを買うと無料でもらえます（有料のこともある）。大量には必要ないので、店でもらえる程度（50ｇくらい）を使います。なお、ドライアイスはマイナス80℃くらいになるので、手袋をして取り扱ってください。

生柿をビニール袋に入れ、新聞紙に包んだドライアイスを柿の上に置きます。ドライアイスが柿に直接触れると凍《し》みるので、必ず新聞紙などで包んでください。ビニール袋の口を軽く結び、そのまま常温で2〜3日置きます。完全に密閉するとビニール袋がふくらんで、最悪パンクしてしまうかもしれないので、注意。

ドライアイスは昇華して二酸化炭素のガスになります。このガスが柿の渋を抜く働きをします。ドライアイスによる渋抜きは、果肉が柔らかくならないのでお勧めです。

この他、35度の焼酎で抜く方法や、お湯に漬ける方法もありますが、果肉が軟化する恐れがあるのでお勧めできません。

湯煎《ゆせん》で仕上がりを鮮やかに

販売業者のパンフレットやネット情報などでは、柿を干す前にお湯に漬ける（湯煎する）と殺菌効果があり、カビの発生が抑えられるなどといわれていますが、この効果はありません。これはアルコール消毒も同じです。第一、アルコールはすぐに揮発してしまいます。

湯煎の効果は別にあります。干し柿の表面が比較的しっとりとなる、できあがり直後の色が明るい橙色に保たれる、などが期待できます（柿の品種、状態によって違いはありますが）。やり方はシンプルで、柿の皮をむいてから沸騰した湯に漬けます。漬ける時間は5秒前後。数個ずつ入れて5秒前後ですくい取り、金ザルにあげて冷却します（手順写真**1**～**4**）。このあと、トレーに並べて干し柿製造装置に入れ、干し柿にします。

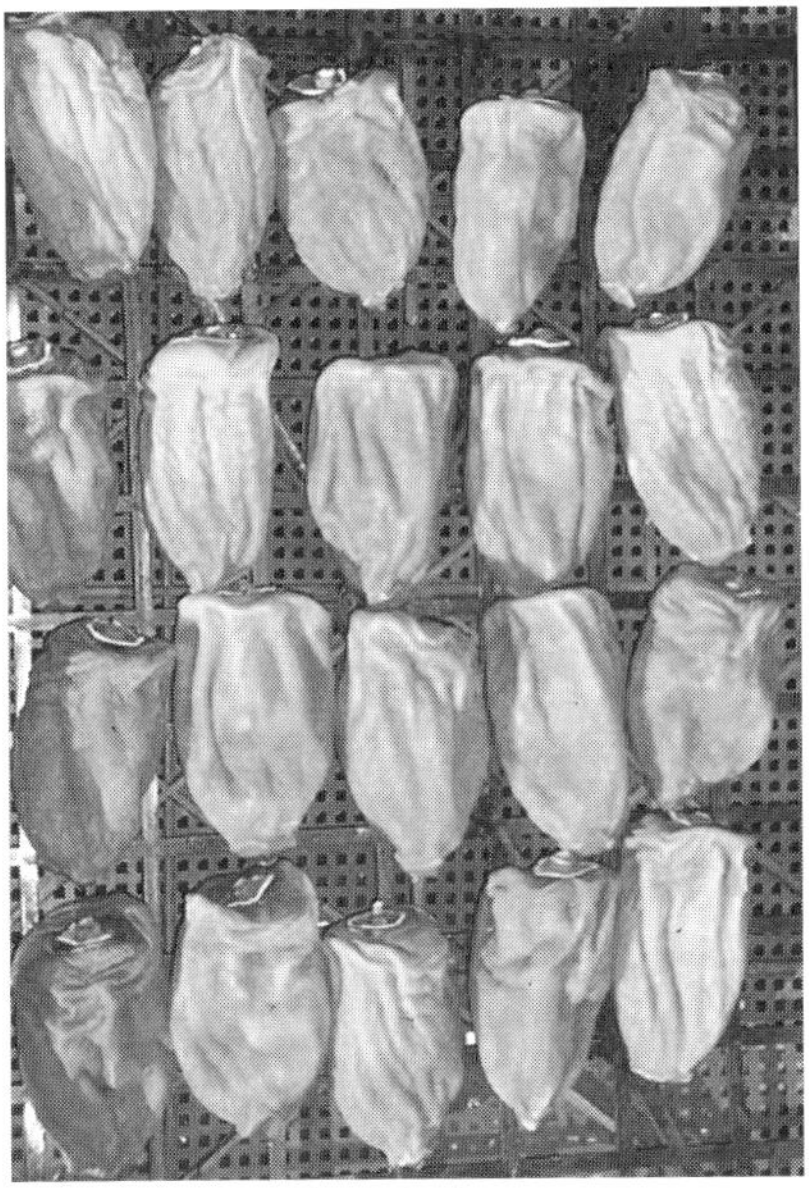

湯煎処理した干し柿の仕上がり。
（写真：著者、カバーそで写真も参照）

湯煎処理
皮をむいた柿（写真は「愛宕」）を数個ずつ沸騰した湯に入れる。5秒ほど漬けたら取り出し、金ザルで冷却。あとは通常の乾燥手順を行なう（写真：著者）

湯煎と天日による起霜も

湯煎には、干し柿の黒変をある程度防ぐ効果があり、この干し柿に起霜させると、明るい橙色の表面に柿霜が出てきれいです。

起霜の開始から日を追って写真を並べてみました。

❶12月12日　干し柿製造装置から出庫直後。柿霜はまだ見えない。（以下、毎日1回柿もみ・冷蔵。冷蔵中に柿霜が少し見えた）

❷12月15日　天日干し2回め。午後3時頃にはこの程度柿霜が出る。

❸12月16日　天日干し3回め。前日に続き晴天。柿霜が少し「生長する」。（17日は雨天）

❹12月18日　ほぼ全面に柿霜が出る。乾燥率27・0％。

これ以上乾燥させると果肉が硬くなりすぎる恐れがあるので、**4**の段階で起霜は終了としました（その後は冷蔵保存）。

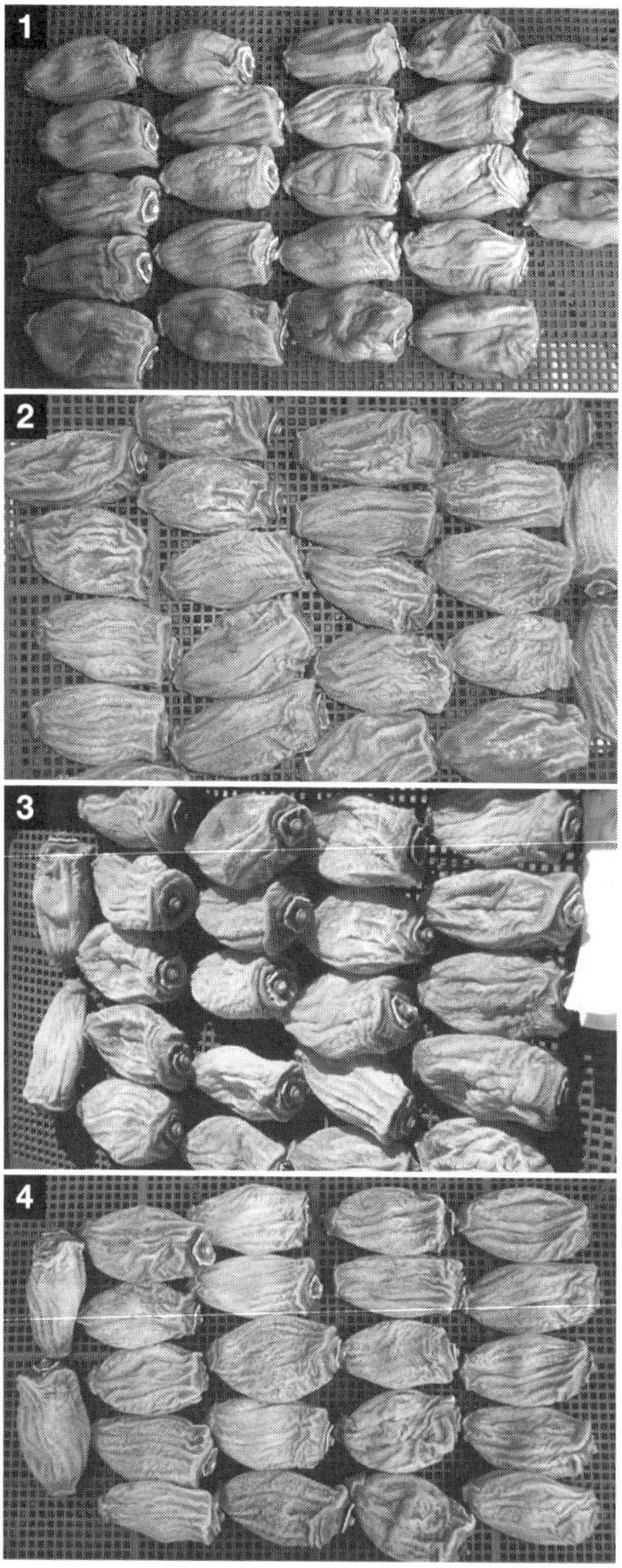

湯煎すると色も鮮やか、柿霜の見栄えもよい
（写真：著者）

農書にあらわれる「干し柿」

日本で最初に公刊された農業書として知られる、『農業全書』（元禄10年〈1697〉刊・福岡藩士宮崎安貞ら）。この巻八には「菓木（果樹）之類」として、「七、柿」が収められています。「柿」については柑橘類に次いで記述量が多く、「柿」の項の冒頭で「柿は上品（じょうぼん）の菓子にて味ひ及ぶ物なし」と記して柿を賞賛しています。

その「柿」の項の内容は、種子の播き方、接ぎ木の方法などの繁殖方法や脱渋の方法、干し柿の作り方、柿の効用その他、柿に関することがらが詳細に記述されています。これは干し柿作りの初の指南書ということができます。

ところが、本文をよく読むと、どうも解せない部分がところどころ見受けられます。例えば「（天日乾燥で）4～5日すると柿もみする」というのは、どう考えても早すぎます。また、「白粉《しろこ》」（柿霜）の出し方についても、「箱でも壺でも、ワラを敷いた上に干し柿を並べておけば「白粉」が出る」という記述も粗略すぎる感じがします。

実は『農業全書』をさかのぼること約60年前、中国の明代に出版された『農政全書』（1639刊・徐光啓）にも似たような記述があります。邪推をすると、中国の最先端情報を宮崎先生はそのまま「引き写した」のではないかと思われるのですが……。

さらに、「ワラに包めば白粉（柿霜）が出る」というのは現在でもネット情報などで広く信じられていることです。しかし、稲わらは柿霜発生の主要な条件ではありません（そもそも、現代では稲わらそのものがまず手に入らない）。この「わら説」が発展して「柿の白い粉はわらに付着しているナットウ菌によって発生する」という珍説まで出ている始末です。

このように言うと、同郷の宮崎安貞先生にケチをつけるようで申し訳なく思いますが、当時の「干し柿」の文献としては価値があることに間違いはないと思います。

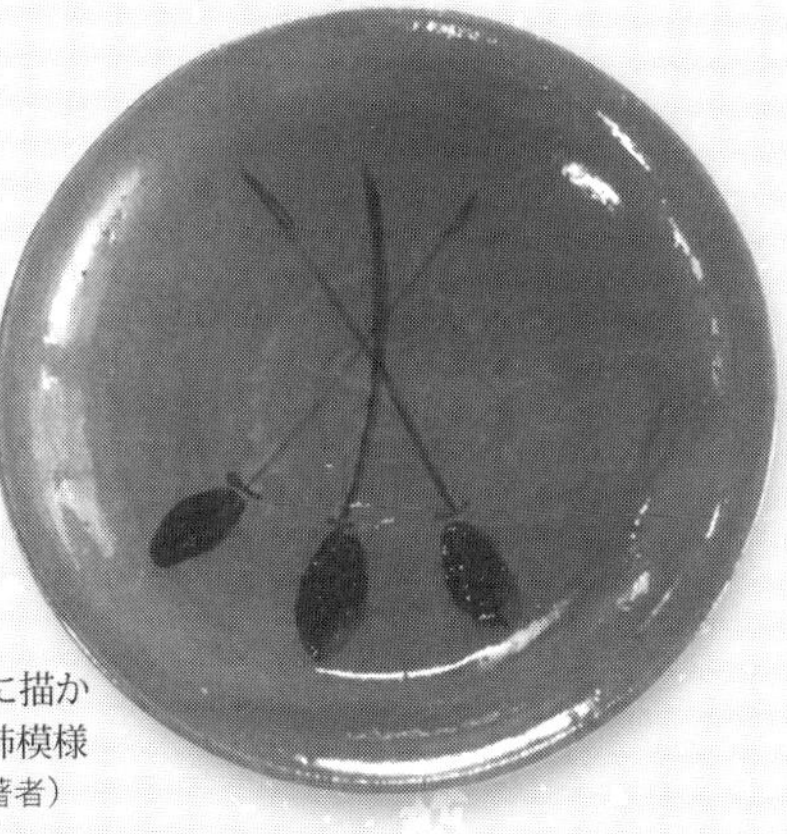

唐津焼の皿に描かれたつるし柿模様
（作・写真：著者）

イオウ燻蒸（あんぽ柿と市田柿）

私はやりませんが、市販の干し柿では「乾燥中の雑菌汚染の軽減、品質向上のためにイオウ燻蒸《くんじょう》」が行なわれています。

イオウ燻蒸は、イオウ粉末を燃やして発生したガス（亜硫酸ガス）で柿をいぶすことで、漂白したり殺菌したりする効果があります。黒褐色になる干し柿が、このお陰で明るいオレンジ色が保たれ、より価値の高い、高値で売れるものになります。カンピョウの製造でも、まっ白なカンピョウを作るためにイオウ燻蒸が行なわれます。なお、イオウ燻蒸の殺菌効果は一時的なもので、長く持続するわけではありません。

日本で最初にイオウ燻蒸を導入したのは、福島県伊達地方特産のあんぽ柿※です。このお陰であんぽ柿は、見た目や果肉の美しさから関東や関西で高い評価を受けました。大正12年以降のことです。イオウ燻蒸をしないあんぽ柿は、ふつうの黒褐色の干し柿になります。地元ではこれを「黒あんぽ」と呼ぶそうです。

※あんぽ柿は「天干《あまぼ》し柿」が転じたものといわれている。

イオウ燻蒸法は、しばらくは伊達地方の独占（門外不出）でした。これが全国に広まったのは、昭和40年代に入ってからのことです。

その一方で、長野県の市田柿の産地でもイオウ燻蒸法が研究されて、昭和25年頃にその技術が確立しました。今日見るように、表面にはまっ白な粉（柿霜）が吹き、中の果肉は鮮やかなオレンジ色の美しい干し柿ができるようになったのは、このイオウ燻蒸によるものです。

私としては、ワイン醸造の際に酸化防止剤として使用される「メタカリ」（イオウの酸化物）と同様に、干し柿の「イオウ燻蒸」は好ましく思いません。しかし、中には興味をお持ちの向きもあるかもしれません。そこで、「イオウ燻蒸」の方法を一通り説明しておきます。

準備するもの

- イオウ粉末（1㎥の容量で8～10g）
- イオウ燃焼用皿（空きカンで可）
- 柿を吊るすワク、桟
- ワクを覆うシート（ブルーシートなど）
- 柿を吊るすヒモ

手順は次の通り。

❶柿はヒモにかけられるように首木（果梗部分をT字形に切る、30ページ）を付けておく。

❷ヘタを取り、水洗いをして、肩の回り、次いで皮をむく。

❸むき柿をヒモにかける。皮をむいて4時間以内に燻蒸できるように段取りをつけておく。

❹ワクに桟を渡し、ヒモを桟にかける。皿から30㎝以上離す。

❺ワクをシートですき間がないように覆う。

❻ワクの中にイオウを入れた皿を入れて火をつける。ガスを吸わないようにすぐ離れる。イオウは青い炎を出して燃える。

❼火が消えて20～30分後にシートを取り、柿をヒモからはずす（取り扱い時には手袋をする）。この後、「乾燥工程」に移ります。

以上、イオウ燻蒸について概略を説明しました。

なお、イオウ燻蒸は必ず室外で行なうこと。また、燻蒸用イオウ粉末は一般に入手が難しく、イオウを燃焼させる際にも工夫が必要です。

このように手間のかかるイオウ燻蒸を行なわなくても、本書の「湯煎」と「製造装置」によって、無添加で美しい干し柿を短期間で作ることができます。

干し柿を食べる楽しみ

最後に、干し柿を食べる楽しみをみておきましょう。

干し柿そのものが柿の加工品ですが、さらにひと手間加えて、いろいろ楽しむこともできます。農文協の『健康食柿』（傍島善次編著）という本の中では、十数種類の干し柿を使った菓子類（点心）や料理などが紹介されています（同書65ページ以下）。順にあげていくと、

①巻き柿、②柿ようかん、③屏風山《びょうぶやま》柿漬け、④みりん漬け、⑤のし柿、⑥濃志《のし》柿、⑦干柿あん、⑧はちみつ漬け、⑨柿巻きゆず、⑩干柿和尚巻き、⑪柿年輪巻き、⑫干柿黄味酢あえ、⑬干し柿ゆば巻き、⑭干柿松笠、⑮干柿射こみ焼き、⑯柿味噌、⑰干柿の甘露巻き、⑱柿かげん酢

名前だけだとなかなかわかりにくいですが、このうち、手軽に作れそうなものを、注釈を加えながら抄録しておきます（「」内は『健康食柿』原文）。

巻き柿

「……干柿を、先端とへたを切り取り、たてに片側を開いて種子を出し、一個の干柿の切れ目に他の干し柿の頭を順次さし込み、長さほぼ一五～一八センチ程度としてにぎりしめて棒状にする。これに側面を開いた干柿を重ねて巻きつけ、直径五～六センチの棒状に固める（中央部を太く紡錘形にしたものもある）。

これをよく乾燥した清潔な竹皮※1（近年はビニールが使われる）に包み、三カ所をしばり外側をわらづとでさらに包み、はじから全体を細なわで固く巻きしばって仕上げる。巻き柿は数年にわたって保存でき※2、保存の長いものほど品質がよいといわれる。

近年は巻き柿の芯《しん》部に、柚《ゆず》の果皮をうす切りにして入れ、風味を添えている（「柚巻き柿」とも呼ぶ）。これをうすく輪切りにして、茶菓子として愛好されている。」

※1 最近は竹皮、わらづと、細なわなど身近な所で見かけなくなりました。そこで、竹皮はラップで、わらづともラップで代用します。つまり、ラップを二重か三重に巻くことにします。市田柿の産地、長野県伊那地方でもこれに類した「巻き柿」作りが盛んに行なわれています。

※2 保存については、どのような状態でするのか触れていません。柿霜が出たものは、表面がブドウ糖の結晶で覆われているので、その部分に関してはカビの発生などあまりないはずです。12月中旬頃に柿霜が出た干し柿は、1～2月頃まで食卓のテーブルの上に置いていてもあまりカビが生えることはありません。しかし、常温で夏の頃、あるいはその先まで保存が可能かどうかはよくわかりません。本文の記述が正しいかどうか、やってみる価値はあります。

みりん漬け

「甘露柿と呼ばれ、干し柿をしその葉で巻きこみ、これをみりんに漬けたものである。適当な大きさに切って、茶受けとして好まれる。」

はちみつ漬け

「へたや種子をのぞいた干柿をはちみつに漬けこみ※、お茶受けにする。きびしい農山村での糖質補給として、風味のあるすぐれた甘味食品である。」

※糖度の高い干し柿をわざわざ蜂蜜に漬ける必要もないように思われますが、糖度80％以上の蜂蜜に漬けるのは保存性を高める

うえでは有効です。なお、蜂蜜に漬ける際は、干し柿を適当な大きさにスライスしたほうがいいでしょう。干し柿の活用ではありませんが、熟柿（甘柿・渋柿いずれでも）の果肉を冷凍しておけば、そのままで柿シャーベットが食べられます。柿シャーベットはけっこう美味なスイーツです（レモン果汁をかけてもよい）。

そのほかに現代的なものも紹介しておきましょう。いずれも簡単にできます。

干し柿入りパン

ロールパン12個分の材料：強力粉３００g、砂糖30g、スキムミルク９g、塩４～５g、水１６５g、イースト６g、バター30g、卵30g（塗り卵は別）、クリームチーズ１８０g、干し柿 適宜

①クリームチーズと干し柿以外の材料をこねる。生地ができたら丸めてボウルに入れ、ラップをかけて30℃で30分ほど発酵させます。（一次発酵）
②ガスを抜き、生地を12個に分割して丸めます。20分ベンチタイムをとります。
③刻んだ干し柿（タネは除く）とクリームチーズを生地に包んで丸めます。
④オーブンの天板にオーブンシートを敷き、丸めた生地をのせます。
⑤40℃で仕上げ発酵（生地が1・5倍くらいになるまで）。
⑥表面に溶き卵を塗ります。
⑦１８０～２００℃くらいのオーブンで焼き色がつく（10～15分）くらい焼けばできあがりです。
（フランスパンに干し柿を入れてもおもしろい）

干し柿なます

正月のおせち料理の定番になますがあります。なますとは「大根・人参をこまかく刻み、三杯酢・胡麻酢・味噌酢などであえた食品」（広辞苑）です。このなますに干し柿の細切りを入れると「干し柿なます」になります。

作り方は以下の通り。ダイコンとニンジンの千切りに軽く塩をふり、しんなりしたら水気をよく絞ります。干し柿は酒に浸して柔らかくしたものを細切りにします。これらを三杯酢などで和《あ》えると「干し柿なます」の完成です。

自家製の干し柿入りのなますは、格別な味わいです。

『日本の食生活全集』の干し柿作り

『日本の食生活全集』（全50巻）には都道府県別に大正末期から昭和初期における庶民の食に関する貴重な記録・聞き書が収められています（農文協刊）。この全集の中から、干し柿作りの部分をいくつかピックアップ（要約）してみました（北から順）。

山形（188ページ）
「10月下旬、紅柿、ちょうちん柿を干し柿にする。1カ月くらいで軒からおろし、縄からはずして箱に入れておくと白く粉が吹く」（県南置賜）

福島（211ページ）
「……表面が乾いてきたら柿を両手でもんで中の芯を切り、また干す。2回ほどくり返す。まわりが乾いてきたらわらにねかせて粉を吹かせる」（福島南部）

東京（278ページ）
「11月末にもいで（常法通り天日乾燥をして）12月末に箱に入れると2月頃粉が吹いて、3月くらいまで食べられる」（奥多摩山間）

神奈川（319ページ）
「百目柿（を干し柿にして）わらに包んでおくと白い粉を吹く」（津久井山村）

静岡（282ページ）
「干し柿に焼酎をふりかけておくと夏になってもかびがこない」（県北山間）

愛知（149ページ）
「皮をむき天日乾燥をする。3週間たったら手入れをする。かるく全体をもむ。2、3日後に種《たね》が中心部になるようにもみ込み、表面のしわをのばす。さらに2、3日乾燥し、箱かかめに入れて密閉しておく。5日くらいで白粉がついて、やわらかくなっておいしい。おやつや正月のお飾りに使う」（尾張稲沢）

島根（235ページ）
「10月下旬、『西条柿』は干し柿にするとおいしい。干し上がったら箱に入れておくとまっ白に粉が吹く」（石見《いわみ》山間）

広島（176ページ）
「箱につめたつるし柿は2週間もすれば白い粉が吹く」（東部高原）

山口（224ページ）
「『葉がくし』は渋ぬき…『横野柿』は（干し柿にして）白い粉が吹いてきたらのれんからおろす」（長門内陸）

愛媛（185ページ）
「渋柿が多い。『入道』『蜂屋』『西条柿』は（常法通り天日乾燥をして）正月近く

まで干す。とり込んで新わらと一緒に囲っておくと表面に白い粉が吹いてくる」（石鎚山系）

滋賀（201ページ）
「日光寺の干し柿」
姉川蚕飼いの郷の食
取材地＝坂田郡近江町
【収録】25巻

これは1ページにわたって干し柿の作り方が詳しく紹介されています。

「渋柿の皮をむいて日に干し、甘みのある干し柿をつくることは、県下各地で江戸時代から行なわれていた。坂田郡息長村※日光寺では、干し柿のことを「つり柿」「あまんぼ」などと呼ぶ。

『淡海録』（元禄年間（一六八八～一七〇四）刊）には「長浜　上々つりかき」とあり、『近江名所図会』（一八一四年刊）にも「つり柿　長浜」とあるので、そのころから産地形成されていたことがわかる。

滋賀県では昭和初年からずっと、滋賀郡、坂田郡、高島郡を中心に年間三〇〇〇貫ほど生産され、甘みの少ない食生活に潤いを与えている（昭和三十年ころまで）。とくに湖北の日光寺では干し柿生産が盛んで、ここから全国へ出荷されている。

稲の収穫後、日当たり、風通しのよい田の中に「柿屋」というわら屋根の高床式の小屋が多くつくられ、この中に組まれた竹ざおに、皮をむいた柿二個を一組とし、その果梗部（軸）を藺草またはしゅろの葉を裂いたもので結び、かける。つるしてから二、三週間後に柿をもみ、種ばなれをよくするとともに、乾燥を早める。全体が黒ずみ、果肉がひきしまって羊かんのようになり、重量が皮をむいたときの三分の一くらいになったら、竹ざおからおろす。

そして、昼間はむしろに並べて寒風に当てつつ日干しし、夜は小屋へ入れ、むしろで覆っておく。これをくり返していると、表面に白い粉がふいてくるので、この時点で完成品とする。十一月中旬に干しはじめて十二月中旬にできあがる。

一か月一〇円もあれば生活できるが、ここ日光寺では、十一、十二月の二か月の間で、一戸当たり一〇〇円から一二〇円の現金収入をこの干し柿であげることができる」

これらの例から一つわかることは、多くが山間地であることです。山間部なら、干し柿作りの条件はピッタリ揃います。南国九州でも山間地なら、比較的容易に干し柿を作ることができます。干し柿の文化は、日本各地の自然の中で育まれてきたものと言えます。

※滋賀県坂田郡息長《おきなが》村は、現在の米原市の北東部にあった村。伊吹山のすそ野にあたり、北からの寒風が吹き抜ける地域。

永田勝也（ながたかつや）
1952年、福岡県生まれ。千葉県在住。
近年は柿の栽培や干し柿づくりにいそしむ。
「自分が食べるものは、自分で作る」をモットーに
果樹・野菜栽培、手づくりこんにゃくまで、広く手がけている。

著書
「新特産シリーズ　ヤマブドウ」（農文協）
「絶品　手づくりこんにゃく」（農文協）など

1週間で 絶品干し柿
簡単、無添加、きれいにできる

2023年10月5日　第1刷発行
2023年11月10日　第2刷発行

著　者　永田　勝也

発行所　一般社団法人　農山漁村文化協会
〒335-0022　埼玉県戸田市上戸田2－2－2
電　話　048（233）9351（営業）　048（233）9355（編集）
F A X　048（299）2812
振　替　00120-3-144478
U R L　https://www.ruralnet.or.jp/

撮　影：黒澤義教
イラスト：神野よし子
制　作：編集室りっか
デザイン：髙坂デザイン
印刷･製本：TOPPAN株式会社

ISBN978-4-540-23125-4